刘景容◎著

幼儿园课题研究

——以"基于自然的生态化园本课程构建的研究"为例

YOU' ERYUAN KETI YANJIU
YI"JIYU ZIRAN DE SHENGTAIHUA
YUANBEN KECHENG GOUJIAN
DE YANJIU " WEILI

广东高等教育出版社
Guangdong Higher Education Press
·广州·

图书在版编目（CIP）数据

幼儿园课题研究：以"基于自然的生态化园本课程构建的研究"为例/
刘景容著. —广州：广东高等教育出版社，2018.8（2023.12 重印）
ISBN 978 – 7 – 5361 – 6213 – 6

I.①幼…　Ⅱ.①刘…　Ⅲ.①学前教育 – 教学研究　Ⅳ.①G612

中国版本图书馆 CIP 数据核字（2018）第 149277 号

YOU'ERYUAN KETI YANJIU：YI "JIYU ZIRAN DE SHENGTAIHUA
YUANBEN KECHENG GOUJIAN DE YANJIU" WEILI

出版发行	广东高等教育出版社
	地址：广州市天河区林和西横路
	邮政编码：510500　电话：（020）87553335
	http://www.gdgjs.com.cn
印　　刷	广东信源文化科技有限公司
开　　本	787 毫米×1092 毫米　1/16
印　　张	12.5
字　　数	231 千
版　　次	2018 年 8 月第 1 版
印　　次	2023 年 12 月第 6 次印刷
定　　价	37.00 元

前　言

　　近几年，我国政府对学前教育空前重视，无论是在幼儿园的资源配置，还是在幼儿教师荣誉评定与职称晋升等方面，都给予了大量的政策倾斜与扶持，并从不同角度鼓励幼儿园开展各类型、各级别的项目研究。在此背景下，幼儿园的科研工作得到大力推进。园长、骨干教师主动开展课题研究的热情高涨。幼儿园也试图通过科学的实践研究提升办园质量、提高师资水平。这是可喜的，也是值得期待的。毋庸置疑，以科研的精神、态度和方法来解决保教实践中存在的问题，将会有力推动学前教育的发展。

　　2013 年以来，作为广东省教育研究院的一名教研员，笔者有幸参与了 50 多项由基层幼教工作者作为主持人开展的各级课题的开题或结题报告会，也多次参与省内外不同级别课题的申报立项、科研成果评审工作。

　　在此期间，笔者还先后参加了 5 项国家级、省级、市级课题研究，并主持了广东省教育科学"十二五"规划立项课题"基于自然的生态化园本课程构建的研究"（课题批准号：2012YQJK028）和中国学前教育研究会"十二五"规划立项课题的研究。

　　6 年来，笔者在课题研究旁观者、参与者、主持者的身份中转换，从不同的角度去观察、思考幼儿园课题研究的利与弊、优势与劣势、困境与出路。

　　由于幼儿园科研工作起点低、经验欠缺，很多人对课题设计、开题、组织研究、结题的基本程序与要求不了解，填报的表格与撰写的相关文案错漏百出,导致申报课题项目的成功率不高;即使立项了,其研究的有效性也堪忧,研究成果薄弱。尽管很多园长和教师工作前在学校学习过专门的幼儿园科研之类课程,工作后在各种继续教育中听过诸多专家关于幼儿园科研工作的培训讲座,在研修班以课题研究为抓手进行过专项训练,但到了实际操作层面,依然感到力不从心,无从下手。

对此,笔者感到十分困惑:用什么样的方式能帮助他们把握幼儿园课题研究的基本思路、方法、规范,从而走上教育科研的幸福之路呢?

2016年4月,笔者主持的"基于自然的生态化园本课程构建的研究"项目进入结题阶段。为了给广大幼教一线工作者以示范,课题组举办了一场题为"最美人间四月天"的结题报告暨成果交流会,全省近300位同行参与了该会议。会议邀请函发出第二天,参会名额即被抢完。参会者纷纷表示,研究内容以及成果固然是他们感兴趣的,了解结题报告会如何召开也十分重要,但他们更为关注的是研究的过程与结题资料。由于当时结题成果还没有公之于众,因此我们不能将研究资料随意散发给有需要的同行。但从这次结题会中,笔者终于明白,幼儿园科研之类的学校课程对于学生来说只是抽象的理论,与幼儿园的课题研究工作还有较大的差异。而园长、骨干教师在工作中得到的相关指导是零散的,比如区、县教研员请来专家进行关于如何开展课题研究的报告,科研部门偶尔组织一场立项课题开题或结题报告会的公开展示,等等。这些活动缺乏对一项课题的研究过程的完整呈现,与会者听完、看完后,依旧感到茫然,不知所措。

擅长在操作中学习、从直观经验的积累中获得成长的幼教一线工作者对于书本知识的转化有一定困难,也难以从散点式的经验管窥到课题研究的全貌。因此,他们在幼儿园科研工作中存在不一而足的问题,也是在所难免的。

从笔者的结题报告暨成果交流会上,参会者对课题组提交给专家评审的丰富的过程性资料和成果充满渴望、提出给他们印发的请求中,笔者认识到一线工作者特别需要得到关于如何开展课题研究的具体的、系统的指导,特别期盼有机会观摩一项课题研究的完整过程,从中获得真实的他人经验。

而历来,很少有人愿意将研究的过程性资料公之于众。

笔者想,我来尝试吧。尽管科研能力与专业水平有限,但笔者清楚地了解幼儿园课题研究的现状、园长和教师们的需求。因为我曾经也是他们中的一员，现在，依然有责任、有义务和他们一起在幼儿园课题研究的路上携手共进，于是便有了本书的编写与出版。

本书将"基于自然的生态化园本课程构建的研究"各环节的主要资料如实呈现于读者面前，无论是研究本身，还是研究的内容与成果，都有诸多缺陷和遗憾。因此，本书的案例并不是唯一标准和完美范例，请读者务必结合每一章前面的分析内容有取舍地进行学习。由于篇幅有限，那些普遍存在于各种版本的关于幼儿教育科研的学术著作、教科书中的学科知识，本书不再一一赘述。在开展幼儿园课题研究之际的读者不妨重温这些著述，为自己的研究奠定更坚实的基础。

笔者深知，以此种形式与内容予以出版，实属献丑。诚惶诚恐之际，恳请大家见谅并批评指正！

作 者
2018 年春末夏初于广州

目 录

第一章　幼儿园课题研究及其开展

　　所谓课题，就是需要经过一段时间的科学研究才可能解决的具有专业性、复杂性的问题。它有一定难度，不是轻而易举就可以解决的一般性问题。

　　科学研究是用科学的方法去获取科学知识的实践过程，是能反映客观规律的符合科学要求的研究，是发现问题、分析问题、解决问题的过程。

　　由此可见，课题是科研的内容。从这个角度来看，课题研究就是科学研究，是指以科学态度、科学方法对专业问题开展的系统研究。但在实际工作中，人们往往将课题研究视为按照立项要求进行规范管理的科学研究。课题研究不再等同于科学研究，其外延明显小于科学研究。

　　本书中，课题研究采用人们日常所指的狭义的科学研究。

一、幼儿园课题研究概述

　　幼儿园的课题研究是由幼儿园工作人员主持，为解决本园（本人）工作中存在的主要的专业问题而展开的科学研究，属应用性研究，分为全园性规模较大的团队研究和教师个人为主的小课题研究。

　　近几年开始流行的小课题研究，主要是为促进教师个人专业成长而设置的，鼓励教师以解决个人工作中存在的专业问题为载体开展时长为一学期或一学年的小型研究。

　　幼儿园的科研活动具有园本性的特点，体现在研究的课题与内容来自幼儿园，研究的成员是幼儿园工作人员，研究的目的是为解决本园或本人工作中存在的主要问题，研究的实效是促进幼儿园或个人的专业发展。因此，幼儿园的课题研究不同于专职教科研人员为促进学科发展而进行的研究。尽管有效的幼儿园科研成果可能会揭示学前教育的一般规律，被业界广泛应用，但这不是幼儿园科研工作的主要目的。

幼儿园的科研课题可以分为立项课题和非立项课题。立项课题是指集体或个人向上级有关科研管理机构申报，经过该管理机构组织专家评审，认为有研究价值，准予立项的课题。立项的意义在于可以接受专业机构的监督、指导、认证、经费支持，有他律和外援。立项课题工作的一般程序包括：选题、课题设计、课题申报、开题论证、实施研究计划、验收结题、成果应用与推广。立项课题从级别上可分为国家级课题、省级课题、地市级课题、县（市、区）级课题；从项目管理单位性质上可分为教育科学研究规划领导小组办公室课题（如中国教育科学研究院管理的国家级教育科研规划课题）、教育类学术团体课题（如中国学前教育研究会课题、广东省教育学会学前教育专业委员会课题）和大专院校课题；从课题类别上可分为重点课题、一般课题；从经费上可分为资助经费课题和自筹经费课题；等等。

非立项课题是指集体或个人根据实际自行拟定、不必向任何单位申报评审、不必经任何组织或机构批准立项的课题。但是课题不申请立项，并不意味着可以随心所欲地研究。非立项课题是按照立项课题的基本要求开展的自律性的科研活动，不必执行仅适用于立项课题的某些程序，如申报、评审、批准。但非立项课题也应该遵循选题、课题设计、开题论证、执行研究计划、成果鉴定与结题、应用与推广等科学研究的路径，以求真务实的科研态度和严谨的科研方法开展实事求是的研究。当然，为了确保研究的方向正确、有实效，非立项课题也可以聘请专家进行指导，获取专业的外援。

无论是否得以立项，课题研究都因为有其基本的范式，可以规范幼儿园教育研究行为，减少随意性和盲目性。同时，课题研究有利于提高一线教育工作者的科研意识，保证研究的基本质量。因此，幼儿园的科研活动应当以课题研究的形式开展。

二、幼儿园开展课题研究的必要性

幼儿园的课题研究不是工作目的，而是促进保教质量提升的手段。

1. 政策要求幼儿教师开展有效的科学研究

2012 年颁布的《幼儿园教师专业标准（试行）》提出，幼儿教师的专业能力包括"针对保教工作中的现实需要和问题，进行探索和研究"的反思能力。对于大多数人而言，这项能力只有通过规范的课题研究才能逐渐锻炼而成。2016 年，全国各地相继启动了基础教育系统教师职称改革，新的文件对幼儿园教师在专业发展方面提出了教科研能力与业绩的要求。这就将幼儿园科研工作直接与个人专业发展联系起来，使科研能力与成果成为衡量幼儿教师专业水平必不可少的条件。如广东省人力资源和社会保障厅和广东省教育厅联合印发的《广东省深化中小学教师职称制度改革实施方案》（粤人社规〔2016〕5 号）规定：幼儿园高级教师水平评价标准之专业条件，要求申报者在教研科研方面需"具有按照科学研究规范独立设计教科研课题研究方案的能力，能结合教育教学实际，有针对性地运用规范的科学研究方法进行课题研究，并取得对实践有指导意义的成果，并在市级推广"。"任现职期间主持或参与（排名前 6）本学科的县级以上课题，通过结题验收或成果鉴定，取得水平较高的研究成果，并善于把成果转化为教育教学实践。"因此，从政策角度来看，当下的幼儿园教师除了教书育人外，还要善于开展研究，才能成为一名合格的、专业的幼教工作者。

2. 课题研究能有效促进教师专业化成长

苏霍姆林斯基说："如果你想让教师的劳动能够给他带来乐趣，使天天上课不至于成为一种单调乏味的义务，那你就应该引导他走上研究这条幸福的道路上来。"大量关于教师专业发展的研究认为，通过科研提升教师专业能力的效果是显著的，主要体现在：教师形成独立思考、分析与解决问题的反思意识与习惯，反思能力、判断能力增强；更容易拥有正确的儿童观、教育观，易于将理论转化为实践；具有严谨、科学的工作态度与意识；掌握进行科研的基本技能和主要方法；形成个人独特的教育艺术风格。事实上，研究型教师善于观察、勤于思考、乐于行动的特质对应了课题研究中发现问题、分析问题、解决问题的过程；而课题研究又强化了研究型教师的特质。课题研究与教师专业化成长之间可以形成一种相互促进、良性循环的态势。

3. 课题研究使幼儿园工作走向科学化、特色化

幼儿园办学性质的复杂性使得每一所幼儿园的情况都各不相同，其内部主要矛盾与问题也是千差万别的。同时，幼儿园的教育对象是一群弱小、敏感、需要成人细心呵护与精心培养的低龄儿童，教养不当对他们 所造成的损害往往是难以逆转的。因此，面向幼儿开展的保教工作必须慎重、科学。幼儿园教师只有通过科研，才能更好地掌握幼儿教育的规律，增强科学育儿的自觉性，避免幼教工作中违背规律的现象发生，减少盲目性。在解决幼儿

园发展问题和贯彻落实政府关于学前教育政策文件的路径中，最适宜的就是课题研究。以科研的态度与方法开展实际工作，才能促使幼儿园管理和保育教育走向科学化、特色化，才能真正落实幼儿健康成长的权利。

4. 课题研究促进学前教育事业科学有序地发展

学前教育是实践性非常强的学科，大量的本学科认知规律和保教工作策略都来自幼儿园的实践成果。幼儿园科学、规范、专业的课题研究，不但可以解决本园的实际问题，为本园的发展扫清障碍，这些成果还可以推广应用，减少同行走弯路的现象，带动行业发展。同时，实践研究的经验也能梳理、上升为理论，为建立和完善学科知识体系提供新信息、新内容。

三、幼儿园开展课题研究的可行性

1. 国家法律法规支持幼儿教师开展科学研究

《中华人民共和国教师法》规定教师享有"从事科学研究、学术交流，参加专业的学术团体，在学术活动中充分发表意见"的权利。《幼儿园工作规程》明确指出幼儿园教师的主要职责之一是"参加业务学习和保育教育研究活动"。也就是说，幼儿园教师从事科学研究是合法合规的，是职责范围内的行为，受到法律保护。

2. 政府扶持、鼓励幼儿园开展课题研究

随着各级政府关于学前教育行动计划的实施，教育行政管理部门、科研管理机构、学术团体等对幼儿园课题研究工作和成果评奖也逐渐重视起来，在设置的相应项目上增加了学前教育类别、数量，对幼儿园申报课题给予较大力度的政策倾斜和资金支持。幼儿园过去很难申请到立项课题，而现在幼教一线工作者申请课题立项相对容易很多。科研管理部门也开始对幼儿园的课题研究进行相关业务指导，幼教工作者普遍能够感受到课题研究由过去的艰难转变为现在的被关照。政府对幼儿园课题研究的正向引导态度使幼儿园科研工作有了良好的环境与氛围。

3. 幼儿园主动积极开展课题研究

在利好的外部环境影响和专业发展需求的驱动下，幼儿园对课题研究的热情空前高涨。园长普遍重视开展基于幼儿园发展的课题研究，鼓励并支持

教师开展课题研究，甚至带头开展。就整体而言，幼儿园教师工作积极，有创意，有想法，动手能力强，愿意开展有创意的各种探索性、研究性工作。他们中的大多数人在大专院校学习或进修时学习过幼儿园科研的专业课程，有的还接受过课题研究的实操训练，对课题研究有一定的基础性认知与体验。部分公办幼儿园和高待遇民办幼儿园引进了大量国民教育本科学历毕业生甚至硕士研究生，为开展课题研究储备了一定的人才基础。

4. 专家为幼儿园课题研究保驾护航

随着本科院校学前教育专业规模的扩大，大专院校、教科研机构从事学前教育教学和研究的专业人士队伍也在壮大。他们与幼儿园一线工作联系紧密，乐意到幼儿园从事与实践相关的研究，指导幼儿园开展业务工作。幼儿园也逐渐形成了请专家定期或不定期到园进行实地指导的习惯。与此同时，随着网络平台的开发，有专家进驻的网络教研在幼教界也十分普遍，这种教研形式将专家资源从一座城市扩大到全国范围。专家与幼儿园之间的联系呈现出前所未有的频繁和便利，为幼儿园课题研究提供了有力的专业外援。

5. 家长热心支持幼儿园开展课题研究

幼儿园课题研究的终极目标是给幼儿健康成长提供更好的环境与条件，有的项目直接与家长发生关联。因此，课题研究工作获得家长的认可十分重要。一般而言，家长对幼儿园为改善保教工作而开展的有序的、专业的课题研究都会给予大力支持。有的家长还会利用个人特长，调动个人资源，参与、支持幼儿园的课题研究，形成合作、互动、友好、资源共享的家园关系。家长的热心支持无疑会更有力地激发幼儿园教师的信心，成为幼儿园开展课题研究的动力之一。

四、开展课题研究应注意的问题

尽管当前幼儿园开展课题研究有着迄今为止最好的机会与条件，科研课题如雨后春笋般涌现出来，但幼儿园的科研工作依然存在不可忽视的问题。如课题研究的意义不明，存在功利性，资源匮乏，研究基础薄弱，研究过程与方法不够科学，成果缺乏应用与推广价值，课题研究与幼儿园其他工作的关系处理不当，等等。幼儿园应该认真对待、分析这些问题，尽量避免在课题研究中形成有碍工作进展的各种问题，使园本研究发挥应有的作用。

1. 明确课题研究目的，端正研究态度

由于课题研究与个人的专业发展联系紧密，课题研究甚至成为个人获得荣誉、晋升职称、成名成家的一项必要条件。因此，开展课题研究既是园长、教师的工作动力，也是他们的压力。在没有认清课题研究专业价值的情况下，很多人将课题研究作为目的，而不是手段，存在为科研而科研、为立项而申报课题的现象。这会导致幼儿园课题研究失去其存在的意义，是产生其他一系列问题的根源。幼儿园工作者应该摒弃名利思想，戒骄戒躁，忌赶潮流，忌攀比，秉持平和的心态、客观的态度、实事求是的精神，主动开展具有专业发展价值的应用型课题研究。

2. 妥善处理课题研究与日常工作的关系

具有园本性质的课题研究其实是幼儿园日常工作的一部分，不应完全独立于幼儿园的常规工作，成为幼教一线工作者的额外负担。相反，在选题恰当的情况下，无论是课题研究的过程还是成果，都有利于幼儿园工作顺利开展。因此，课题研究的人员、经费、研习机会、场地、专家等资源，多数情况下都是可以与幼儿园常规工作共享的。当然，课题研究毕竟是比日常工作更为严谨、系统、有一套基本范式的专项工作，对人员素质的要求更高，有些项目可能需要专项经费支持。这就要求幼儿园应努力为研究团队创造更优越的条件与氛围，比如，在制度上保障团队的研究时间、研究资料与设备的配备、经费、专家资源、外出学习机会等。随着幼儿园教师队伍专业化程度的不断提高、幼儿园科研意识与习惯的逐渐形成，课题研究将会成为幼儿园工作的常态。

3. 掌握课题研究的基本策略，提高研究实效

幼儿园要根据本园科研的现实基础、人力资源等条件，选择适宜的项目进行课题研究，忌求全、求新、求高、求多。要追求课题的质量而不是数量，避免一人担任多项课题负责人，甚至是参与多项课题的情况。一般而言，初次开展课题研究，最好选择能解决幼儿园当前突出矛盾、内容具体、研究时间较短的全园性课题，由业务能力最强的园领导主持，全体教师参加，对课题研究的整体流程、方法有一次完整的经历并感受到课题研究的意义。要重视对他人经验的学习，以科学的"拿来主义"将他人经验整合到本园的研究中，减少走弯路和不必要的摸索。既要充分利用各种资源，又不能过分依赖外界的专家指导，在研究进展到瓶颈阶段而又不能自行突破的时

候，主动寻求外界专业人士的帮助。在条件允许的情况下，引进能带动课题研究的业务人才，培养本园的骨干教师。重视在课题研究中的园本研修，及时发现问题、分析问题、调整研究方案，保证课题研究始终处于正确的方向，避免南辕北辙。

4. 界定课题研究人员的职责，做好分工与合作

幼儿园课题研究中，除了小课题可能由教师一个人完成外，其他的课题，特别是涉及幼儿园主要工作的课题，往往要由一个团队共同研究。因此，在做课题设计时，就应该做好人员分工、合作的安排。这个团队一般由课题主持人、主要成员和一般成员构成。课题主持人，也就是课题负责人，其职责在于设计与组织，并承担研究中各环节的指导工作，要求有能力、有水平、有经验、有时间，并有一定的行政权力，能带动整个团队有条不紊地开展研究。主要成员的职责在于理解与行动，是主动的、积极的、善于合作、具有奉献精神的响应者，要求勤于思考、善于学习、勇于探索、乐于钻研，按时保质地完成研究方案中各自的任务，并能在团队中毫无保留地发表个人意见。一般成员主要是在日常工作中通过行动研究进行假设验证的人员，在课题设计中未必列明他们的名字，但在具体工作中需要他们参与。幼儿园层面的课题研究最好由园级领导主持，但不宜全部项目都由正职园长担任主持人。主持人的人选应视研究内容而定，即研究内容属于哪位领导日常管辖的范围，项目就由哪位领导主持。园长要适当放权，予以支持。园级领导的日常工作较为繁忙，但依然要保证有充足的时间和精力，率先垂范地认真开展研究，不能做平时不管、结题时乱整材料应付的挂名负责人。好的项目研究是依靠优秀团队共同完成的，课题组的每一个成员在其中都有着不可或缺的作用。明确职责、做好分工、高效合作，是课题研究顺利开展的前提条件。

5. 重视研究成果的提炼、应用与推广

幼儿园的课题研究来源于工作，也服务于工作。因此研究成果不能仅满足于形成以原始素材堆积而成的文本材料，而要将其用于解决幼儿园的实际问题。有质量的研究成果往往是形成科学解决同类问题的基本策略，并上升为规律，不但能应用于本园，还能推广到其他幼儿园，甚至对学科理论产生影响。目前，幼儿园课题研究的成果形式比较单一，集中在配设备、建资源、做课例等方面；实践经验丰富，但缺乏对课题活动案例与经验的深入分析和研究，没有提炼出具有内涵的理论性研究成果，课题成果推广价值不

高。幼儿园要重视研究成果的梳理和提升工作，形成具有专业水准的成果。对于经过专家鉴定和评审的优秀成果，幼儿园还要主动争取机会、创造条件，广而告之，让更多同行能够学习、借鉴，共同促进学前教育的发展。

综上所述，幼儿园的课题研究是必要的，有着重大的意义。幼儿园应该开展，也有能力开展课题研究。希望求真务实的课题研究能成为幼儿园生存、发展的动力。

第二章　课题申报

一、选题

选题是发现问题并进行分析后认定其值得研究的过程。幼儿园每一天的工作中都可能存在着各种各样的问题，时时都会有新问题产生、旧问题被解决。什么样的问题能成为课题呢？那就是幼儿园客观存在的、有探索价值、有可能解决的问题，具有重要性、专业性、可行性等特征。

1. 园本研究的课题来源、内容涵盖和创新意义

幼儿园的课题来源是广泛的。实践工作是园本研究的重要源泉，行政指令与工作规划、新理论新发现、时代变革与历史传统、各种规划课题指南等也包含了许许多多值得幼儿园开展研究的课题，但这些课题应该与幼儿园的现状结合起来。只有经慎重分析后确认为与幼儿园现实情况吻合的，才能成为园本研究的课题内容，不能为追求时尚潮流、为响应政策号召、为申报规划课题而做课题研究。

园本研究的课题内容涵盖幼儿园各方面工作，如行政管理、后勤服务、保健卫生、保育教育、家园合作、社区资源等。这些领域中存在的问题都有可能成为幼儿园课题研究的内容。当然，日常工作中的问题需要经过专业化的加工和转化，才能上升为课题。

从诸多问题中确定选题是一个现状分析、价值评估和可行性论证的过程。在这个过程中，可以运用文献法、调查法等科研方法，也可以请教业界

专家，以保证选题的正确性。在园本研究中，还应发挥民主，自下而上地开展讨论，收集意见，充分尊重教职员工，调动他们参与课题研究的积极性。

园本研究的创新意义具有相对性。幼儿园的课题创新是相对本园历史而言的，绝对的创新在幼儿园课题研究中几乎不存在。园本研究的课题很可能是其他幼儿园已有经验的移植，而不具有原创性。教师主持的小课题，更多的是自己没有经历过，但他人已经研究、总结出的策略、方法的具体应用。当然，并不排除课题研究的设计、研究过程、成果等在前人基础上有一定创新，但追求创新或把创新作为评价幼儿园课题研究的标准有失现实意义。

2. 幼儿园选题名称拟定中存在的问题

幼儿园科研选题中存在的问题主要表现为以下几种：①选题范围太大，超出幼儿园的研究能力范围或工作范畴，如"幼儿素质教育研究""××县幼儿教师专业化成长的路径研究"；②选题不科学，有常识性错误，如"幼儿'九九乘法口诀表'学习策略研究"；③选题难度过低，无法上升为课题，如"怎样给孩子讲故事"；④研究对象不明确，如"幼儿园与家庭"。幼儿园要通过有效途径确定有意义的研究课题，尽量避免上述类似选题。

实例链接

"基于自然的生态化园本课程构建的研究"这一课题名称中的"园本课程构建"是《幼儿园教育指导纲要》（以下简称《纲要》）颁布后幼教界的热门话题，许多幼儿园纷纷以贯彻落实《纲要》为名，开展各级各类关于课程构建的课题研究。但因业内尚无可借鉴的经验，笔者对这一具有难度的工作不敢贸然启动，直至所在幼儿园搬迁新址，有了构建生态化特色幼儿园的规划，校园环境创设工作基本完成，课程建设凸显为主要问题，才着手进行这一课题研究。（详见后记）

虽然笔者在申报该课题的时候，刚刚离开幼儿园，本职工作已经不是一园之长，但在个人意识上还没有完成从园长到省教研员的角色转换，申报该课题的初衷只是为了帮助原所在幼儿园构建起园本课程，解决其特色幼儿园建设中存在的最有难度的主要问题。而在一年后的开题报告环节，专家们认为该内容有广泛的适用性，主持人应站在全省幼儿园课程建设的角度进行思考，吸纳更多幼儿园参与进来，并对课题研究方案进行调整。于是有了后来与课题申报书不完全吻合的某些变化，包括研究背景中部分内容的调整、参与人员的变更、成果形式与内容上的修订等。到了结题的时候，"问题的提出"部分已进行了明显的修订，视角已然不同。

这是一个极为特殊的个案，也充分说明，不同岗位的课题主持人所从事的科研工作，其目标、责任和角度是不同的。以幼儿园园长的身份，要考虑的是如何通过课题研究解决幼儿园当下以及未来一段时间内发展中最突出的矛盾；而以省级教研员的身份，要考虑的是如何通过课题研究解决省域范围内相同需求的幼儿园在业务发展上的困难。

二、课题设计

课题设计的内容包括系统分析问题、设想解决问题的方法与途径，其主要任务是从整体上对研究的问题、目的和意义、主要内容和方法、依据、预期成果、人员和费用等因素进行具体的论证、分析和预测，从而确定一个合理可行的研究方案。课题设计中需要注意以下几个方面：

1. 高度重视文献查阅

任何一项课题研究都离不开文献查阅。研究往往起始于文献查阅。通过文献查阅可以确定选题是否重要、是否可行、是否有理论支撑，同时了解同行研究现状。课题研究应以理论为基础，这与一般的教育教学研究有所不同。可以在学前教育领域发挥作用的学科理论非常多，应选取最重要的、对研究能起到支撑作用的 3 ~ 5 种理论，予以概述和简要分析。理论介绍的内容应该与研究相关，理论分析要与项目研究对应起来，说明理论如何应用到研究中或能够对研究提供怎样的支持作用。开展课题研究还应广泛了解项目研究的现状，并批判性地学习与借鉴。他人的经验可能会有很多，研究者需要从庞杂的信息中筛选出有代表性的、与本项目研究联系紧密的予以陈述、分析。

2. 准确拟定课题名称

课题在选定之初往往是一个范围或一个问题意向，课题名称则是具有高度概括性的题目，对课题研究起着统领作用。课题设计的各项要素都要从这个题目出发，围绕题目开展，并且最终都要指向这个题目。课题名称就是课题研究的原点，因此拟定课题名称有着举足轻重的意义。课题名称要能准确、简洁、清晰地表述出研究对象，一般是语意完整的短语。幼儿园科研的课题名称要具体、有针对性，涉及的研究范围较小。

3. 充分论证研究意义

课题研究意义包括研究背景、学术价值（或理论价值）和应用价值。幼儿园课题研究的背景涉及政策依据、行业发展的相关现状、幼儿园相关现状与存在的主要问题等信息。研究价值的分析就是从专业角度阐述课题的重要性。幼儿园课题研究的价值重点放在为本园解决了什么问题，从研究中梳理的经验、策略可以如何影响到其他同行。

4. 清晰界定核心概念

课题的核心概念是整个项目的关键词，一般会集中体现在课题名称上，多数情况下是课题名称里的名词或名词性词组。核心概念的诠释往往能起到顶层设计的作用。对核心概念内涵与外延的解释不同，具体的研究设计就会不同。清晰、准确地界定核心概念能提高研究效率，具有事半功倍的效果。

5. 慎重确定研究目标

研究目标源自问题的提出，是对拟解决的问题提出的具体预期，即在理论或实践层面解决什么问题。课题研究是否成功，最后要通过目标的达成情况来检验。因此，目标拟定要结合课题研究的可行性，围绕课题研究的预期进行。目标设定的难易程度也应遵循"最近发展区"原则，是课题组通过系统的项目研究可以达成的，既不能一蹴而就，也不是高不可攀的。

6. 有效分解研究内容

研究目标需通过研究内容来实现。研究内容是对研究问题、研究目标进行具体分解后所获得的。研究内容的分解方法包括下位概念分解法、研究方法分解法以及混合分解法。与研究内容和目标无关的不必纳入研究内容。比如，本书实例中，研究的主要目标是构建一套园本课程并提炼出构建课程的策略。因此，研究内容就是围绕课程的四大要素和课程构建策略进行分解所得。

7. 正确选择研究方法

研究方法回答的是课题如何研究的问题。科研方法有很多，但不是所有的方法都适用在每一项课题研究中。选择合适的科研方法是保证课题研究方向正确、过程高效、成果科学的前提条件。科研方法在课题研究的不同阶段会有所不同。在课题设计时，应清晰规划出在哪个环节用哪种方法、如何用，而不是简单罗列科研方法的名词。

8. 科学规划研究过程

在课题设计中，研究过程主要通过研究计划呈现出来。一般按照时间顺序，把研究过程划分为几个阶段，对每个阶段的主要工作内容、责任分工等做好科学安排，以确保研究有序开展。研究过程与研究内容、目标也是相呼应的，通过研究过程能看出研究目标是如何一步步实现、研究内容是如何一项项落实的。

9. 恰当分配研究经费

研究经费有外部资助和自筹这两类。对于立项资助课题，一般都由课题管理单位规定经费资助金额、经费项目与使用范围，课题主持人根据课题研究计划，按照管理单位的要求进行预算即可。自筹经费的项目应结合项目研究的需要、经费来源与额度进行统筹规划。课题研究与幼儿园日常工作紧密结合的情况下，课题研究所需要的某些经费也可在日常开支中体现。总体而言，幼儿园课题研究的经费普遍比较紧张，专项经费必须用到关键环节上。

10. 合理预期研究成果

研究成果包括形式与内容。成果形式有研究报告、实验报告、专著、论文、教材、软件、教具、学具、玩教具等，成果内容往往用名称概述。课题立项单位一般会对照预期成果进行结题验收，如项目组没有提交课题设计中拟定的预期成果，结题申请可能被拒绝。因此，预期成果要充分考虑可行性，不能为了立项成功而盲目拔高要求，提出难以完成的成果预期。但也不能为了结题方便，将预期成果设定成没有难度的、显示不了专业性的材料集合。预期成果既是研究目标达成的载体，也是项目研究水到渠成的结果，还是考量课题是否有必要做、是否做得了的一个要素，应该予以重视。

11. 规范列举参考文献

在课题设计中罗列的参考文献不仅仅体现了项目组成员在项目论证阶段的阅读范围，更重要的是这些文献还将在此后的研究过程中，时常被研究者阅读、学习、参考。因此，这些文献资料实际上也是支撑研究的重要资源。应该选取对项目研究有意义的文献，按照学术规范进行列举，以便其他人能快速、准确地找到。

课题设计各要素之间有着严谨的内在关联，相互印证。而幼儿园科研的课题设计中，最大的问题就是各要素之间的逻辑关系不清晰，各要素的具体内容相互割裂，往往是重要的关键性信息空缺，而无关紧要、旁枝末节的内容都长篇大论。课题设计决定了课题研究的走向，是研究的起点，决定着研究的成败。任何项目的主持人都应慎重做好课题设计，以科学的课题设计引领科研活动。

实例链接

"基于自然的生态化园本课程构建的研究"的课题名称，为准确地传递出课题主持人希望表达的意思，曾历经多次修改。其中"构建"一词非常重要。虽然这个词不是核心概念，但它在课题研究的名称中不可或缺。因为这个词说明本项目是实践性的行动研究而不是理论或现象研究。

课题设计时对"自然""生态""园本课程""生态化园本课程"等核心概念的界定在整个研究过程中起到了非常重要的作用，通过对这几个词的界定，勾画出了课程的全貌。当然，这几个概念在申报之初是比较抽象的。随着研究工作的推进，概念的界定不断完善，概念的内涵不断充实、丰富，最后形成了课程构建的主要策略。

课题主持人到新单位就职之时才获悉当年的课题申报信息，在决定申报该项目时，仅有2周时间来填报、提交相关材料。仓促之中，课题设计的文献查阅工作不到位，在"本项目的研究现状"中对国内外相关研究的介绍与分析十分有限，格式也不规范。

事实上，文献研究是贯穿于大多数课题研究全过程的必不可少的基本科研方法。课题研究中一旦遇到困难，首先想到的应是查阅文献，看看能否通过文献获得解决问题的经验、灵感。现在网络发达，在搜索引擎上输入任何关键词后，都会有铺天盖地的信息扑面而来，但大多数资料的专业性、科学性存疑，仅供参考，却不能成为学术论文和科研工作的引用来源。课题研究能够采纳的专业信息应该来自公开出版的学术著作、正规期刊发表的文章、学位论文等。这些可通过中国知网、电子图书馆等途径便利地查阅或下载。

正因为前期准备不足，这份课题申报书与之后的结题材料（结题前有充足的时间进行准备）相比，显得较为粗糙，有诸多不尽如人意的地方。

由此可见，课题研究的前期工作需要主持人投入足够的时间和精力来梳理、筹备，才能厘清思路，将想法、计划付诸文字，形成好的课题设计方案。

 **课题申报书**

所属领域编号：jk008

广东省教育科学研究项目
申 请 书

项 目 类 别：＿＿＿＿＿＿教育科学研究＿＿＿＿＿＿

项 目 名 称：基于自然的生态化园本课程构建的研究

学 科 分 类：＿＿＿＿＿＿教育学＿＿＿＿＿＿

项 目 负 责 人：＿＿＿＿＿＿刘景容＿＿＿＿＿＿

负 责 人 手 机：＿＿＿××××××××××××＿＿＿

所 在 单 位：＿＿广东省教育研究院（盖章）＿＿

广东省教育科学规划领导小组办公室制
2011 年 9 月

基本信息

<table>
<tr><td rowspan="10">项目信息</td><td>项目名称</td><td colspan="4">基于自然的生态化园本课程构建的研究</td></tr>
<tr><td>项目类别</td><td colspan="4">教育科学研究</td></tr>
<tr><td>研究类型</td><td colspan="2">应用研究</td><td>申请金额</td><td>1.2（万元）</td></tr>
<tr><td>学科一</td><td colspan="4">教育学－学前教育学</td></tr>
<tr><td>学科二</td><td colspan="4"></td></tr>
<tr><td>学科三</td><td colspan="4"></td></tr>
<tr><td>计划开始日期</td><td colspan="2">2012.11</td><td>计划完成日期</td><td>2014.9</td></tr>
<tr><td>所属单位</td><td colspan="2">广州</td><td>所在单位</td><td>广东省教育研究院</td></tr>
<tr><td>预期成果形式</td><td colspan="4">论文、研究报告、活动方案集</td></tr>
<tr><td colspan="5"></td></tr>
<tr><td rowspan="2">合作单位</td><td>合作单位名称</td><td>联系人</td><td colspan="2">联系电话</td><td>通信地址</td></tr>
<tr><td>广州市天河实验幼儿园</td><td>潘卓</td><td colspan="2">137×××××××</td><td>广州市黄埔大道中华翠街××号</td></tr>
<tr><td rowspan="9">负责人信息</td><td>姓名</td><td>刘景容</td><td>性别</td><td>女</td><td>民族</td><td>汉</td></tr>
<tr><td>出生年月</td><td></td><td>学历</td><td></td><td>学位</td><td></td></tr>
<tr><td>职称</td><td colspan="3"></td><td>职务</td><td></td></tr>
<tr><td>办公电话</td><td colspan="3"></td><td>手机</td><td></td></tr>
<tr><td>一级学科</td><td colspan="3"></td><td>二级学科</td><td></td></tr>
<tr><td>电子邮件</td><td colspan="3"></td><td>身份证号</td><td></td></tr>
<tr><td>人才层次</td><td colspan="5"></td></tr>
<tr><td>研究专长</td><td colspan="5"></td></tr>
</table>

摘要	本研究借鉴生物学中生态的概念，以一所幼儿园的教育要素构成的儿童成长环境为区域范围，以自然资源丰富的社区公园为载体，以促进幼儿身心全面和谐发展为核心目标，从生态学的视角构建园本课程。幼儿的健康成长依赖于环境。环境中的所有要素构建起一个良性的、动态的、共生的系统至关重要。基于幼儿普遍存在的亲自然性，以及广大家长和教师对此的认可，本课题研究人员顺应儿童的自然天性，以广州市天河实验幼儿园为例，依托社区自然资源，利用观察法、调查法、访谈法、问卷法、教育叙事等研究方法，从课程目标拟定、教育资源开发、内容选择、实施途径及评价体系建设等方面构建生态化园本课程，从中提炼以自然环境为主要资源构建生态化园本课程的策略，丰富相关专业理论，积累相应的实践经验，实现本课题研究的主要目标：给幼儿园课程理论建设和园本课程的开发与实践以启示，特别是为农村幼儿园利用自然资源开发有效的园本课程提供借鉴和指导。
关键字	自然，生态，生态化，园本课程

项目组成员

总数（含负责人）/人	高级职称/人	中级职称/人	初级职称/人	博士/人	硕士/人	学士/人
13	1	7	5	0	2	4

姓名	性别	出生年月	学位	职称	项目分工	工作单位	研究领域
庞春敏	女	19××.××	硕士	初级及以下	课程评价体系建设、撰写论文	广东省教育研究院	课程与教学论、教育评估
杨慧敏	女	19××.××	硕士	初级及以下	课程建设研究、撰写论文与报告	广东省教育研究院	学前教育
潘卓	女	19××.××	其他	中级	幼儿园研究工作管理、选编经验总结	广州市天河实验幼儿园	幼儿教育
彭奇志	女	19××.××	其他	中级	课程实践统筹与指导、选编活动方案	广州市天河实验幼儿园	幼儿教育
陈秀文	女	19××.××	其他	中级	选编教育随笔	广州市天河实验幼儿园	幼儿教育

续上表

姓名	性别	出生年月	学位	职称	项目分工	工作单位	研究领域
黄立敏	女	19××.××	其他	中级	课程资料收集、整理、归档	广州市天河实验幼儿园	幼儿教育
周文莉	女	19××.××	其他	中级	课程资源提供与服务	广州市天河实验幼儿园	幼儿教育
王丽洁	女	19××.××	其他	中级	活动方案设计与实践	广州市天河实验幼儿园	幼儿教育
黄冬妮	女	19××.××	其他	中级	活动方案设计与实践	广州市天河实验幼儿园	幼儿教育
方燕妮	女	19××.××	学士	初级及以下	活动方案设计与实践	广州市天河实验幼儿园	幼儿教育

预期成果

论文/篇	总数	2
	其中：核心期刊（CSSCI 和北大核心）	0
	SSCI、A&HCI、ISSHP 收录	0
专著/部		0
研究报告/篇		1
其他	园本课程活动方案集、教育笔记与经验总结集	

经费申请表

预算科目	省教育厅支持经费/元	备注（计算依据与说明）
图书资料费	500	购买相关书籍、资料
调研差旅费	6 000	到相关幼儿园学习、了解情况
计算机机时费及其辅助设备购置和使用费	500	计算机耗材费用
购置文具费	0	
小型会议费	2 000	课题各阶段会议的会务费
咨询费	0	
印刷费	0	
复印费	0	
成果打印费	500	
其他	2 500	专家指导与交流活动经费
合计/元	12 000	
与本项目有关的其他经费来源	其他计划资助经费/元	30 000
	其他经费资助（含学校配套）/元	0
	其他经费合计/元	30 000

项目论证

一、研究意义（研究背景、学术价值、应用价值）

（一）研究提出的背景

当今，人类已有的知识世界已经不再是一个分离的世界，部分的理解与意义的生成总是建立在与其相关联事物的理解与意义的基础上，这是一个相互关联、相依相承、互补共生的世界。任何知识都不是凭空产生的，其存在也不是"孤家寡人"式的。文化领域中的知识和自然生态系统中的生物一样，都是相互联系和共享共生的生态化存在。我们的课程必须走向新生——生态化课程，这是时代的必然选择。生态化课程的一个重要特点就是开放性：首先，把课程范围扩大到自然领域、社会环境领域、文化领域和社会个体（特别是教师、幼儿、家长、社区人士），注重把自然、社会、文化和师生个体作为课程的重要来源。这就意味着课程向自然开放、向生活开放、向文化开放、向幼儿与教师的个体经验开放等。其次，生态化课程体现的是关注幼儿自然的、生命本质的和谐与终身发展这一价值观，这就决定了生态化课程必须向所有的幼儿个体开放，关注到每个自然生命个体的差异性。同时，生态化课程还要向幼儿的终身发展开放，体现促进幼儿个体的可持续发展和终身发展的思想。生态化课程的观点给幼儿园课程建设以启示，即我们可以把课程范围延伸到社区领域，依托社区资源，从生态学的视角开发适合本园幼儿发展的生态化课程。

我国 2001 年的《幼儿园教育指导纲要（试行）》指出："城乡各类幼儿园都应从实际出发，因地制宜地实施素质教育"；"教师要根据本《纲要》，从本地、本园条件出发，结合本班幼儿的实际情况，制定切实可行的工作计划并灵活地执行"。近年来，国家和广东省的相关文件、政策都在大力提倡发展农村学前教育，改善农村学前教育的落后状态。2009 年广东省教育厅《关于加快农村学前教育发展的意见》特别指出要"因地制宜，构建具有农村特色的幼儿园课程。要注重从农村实际出发，充分挖掘和利用农村丰富的自然和社会文化等资源……丰富教育活动内容，萌发幼儿保护和改善自然环境的最初意识，增强幼儿爱家乡的意识"。这是园本课程、区域课程、乡土课程等在广东省幼教领域发展起来的主要依据。但大多数课程存在课程要素割裂、课程系统封闭的现象，不能达成"促进幼儿身心全面和谐发展"的保教目标。

在长期的教育实践中，广州市天河实验幼儿园依托社区公园这一开放的生态资源，逐步向构建生态化的园本课程迈进。

该园毗邻自然资源丰富的天河公园，为开发课程提供了得天独厚的条件。天河公园以自然生态景观为主要特色，草坪舒展，山丘起伏，林木苍翠，湖波粼粼，一派自然清新的田野风情。气势恢宏的南北大门建筑风格独特，植物色彩艳丽、布置紧凑。南门中轴广场两侧的风景林，种植了各类棕榈，衬托着中央的立体八角花坛，洋溢着岭南园林的气息。白鸽广场，群鸽飞翔。园内更有具岭南特色、清雅晖盈的园林精品——粤晖园。它坐落在绿柳环抱、秀色怡人的柳湖湖畔，与湖中锦鲤相映成趣。精巧秀丽的"粤秀园"建在风光如画的翠湖。占地 8 万平方米的百花园景区，内含茶花园、杜鹃园、紫薇园等园，以植物造景为主，层次分明，色彩丰富。还有湖心亭、圆形的重檐亭，在公园的湖光山色中尽显风骚……天河公园多样化的自然资源对生活在附近的幼儿有着意义深远的教育价值。

自建园以来，本课题负责人在该园担任园长至 2012 年 9 月，其间一直主张让幼儿在自然环境中以自然状态主动学习，带领教师充分利用天河公园的自然资源，积极实践"大自然、大社会都是课堂"的活教育课程论，以主题探究活动为课程的主要建构形式，在开展园本课程建设的实践过程中不断优化方案，融合到幼儿的一日生活中，呈现出一定的课程特色。

正是基于这样的背景，课题负责人提出了在广州市天河实验幼儿园构建生态化园本课程的设想，拟帮助这所具有示范性地位的广东省一级幼儿园建设出基于自然的系统的园本课程，并以此为例，从研究中提炼出以尊重儿童自然天性为前提、以自然环境为主要资源构建生态化园本课程的策略，丰富相关专业理论，积累相应的实践经验，对广东省农村幼儿园的乡土课程建设起到"他山之石"的作用，并为其他幼儿园建设生态化的园本课程提供借鉴。

（二）研究的学术价值和应用价值

1. 学术价值。本研究以社区自然资源为载体、以人类的发展生态学为逻辑起点构建园本课程，能够丰富幼儿园课程建设的理论与实践。这一课题的研究对于我们关注自身生存的生态环境、改善我们的教育课程生态以及推进幼儿园的整体课程改革具有一定的现实意义。

2. 应用价值。本研究梳理了天河实验幼儿园多年来富有特色的教育实践经验，以课程的方式呈现并运用，对提高该园教师的专业成长有很大作用，对促进幼儿的健康成长具有重要意义，同时也带动家长、辐射社区人士建立科学的教育观念、环境保护观念，进而使幼儿园融入社区，为学习型社区的建设及实现该园专业化形象的建立起到关键性的支撑作用。

本研究借鉴生物学中生态的概念，以一所幼儿园的教育要素构成的儿童成长环境为区域范围，以自然资源丰富的社区公园为载体，以促进幼儿身心全面和谐发展为核心目标，从生态学的视角构建园本课程。课程的开发过程及研究成果，将对农村幼儿园如何利用自然资源开展有效的乡土课程建设与实践，具有借鉴意义和指导作用，对其他幼儿园构建生态化特色课程具有启发性。

二、核心概念和理论基础

(一) 核心概念

1. 自然：指具有无穷多样性的一切存在物，也指天然的、非人为的或不做作、不拘束、不呆板、非勉强的。"自然"在很多时候意指"自然环境"或"荒野"等本质上未受人类介入，或是即使人类介入但仍然存留的东西。本研究中的自然包括自然环境，也引申为儿童天然的、不受拘束的个性，以及基于这种天性的非勉强的、不呆板的教育方法、学习方法，意即我们为幼儿提供尽量自然的环境，让幼儿在自然而然的状态下主动学习、发展。

2. 生态：指生物在一定的自然环境下生存和发展的状态，以及它们之间、它们与环境之间环环相扣的关系，即指一定地域（或空间）内生存的所有动植物之间、动植物与其所处环境之间的相互关系。它强调系统中各因子之间的相互联系、相互作用，以及功能上的统一，含有系统、整体、联系、和谐、共生和动态平衡之意。"生态"一词最初见于生态学，现在涉及的范畴越来越广，人们常常用"生态"来定义许多美好的事物，如健康的、美的、和谐的等事物均可冠以"生态"修饰。

3. 园本课程：指幼儿园根据国家课程与地方课程，结合自身历史积淀、组织文化、办园理念、办园特色、教师特长、教育资源等反映幼儿园教育思想，尊重幼儿个性发展的动态化特色课程。

4. 生态化园本课程：即运用生态学理论构建的课程，强调以一种生态的视角、态度、原理和方法来关照、思考、理解、解释复杂的课程问题，并尝试以生态的方式建构健康、和谐、适宜本园的课程。在本研究中是以自然资源为载体，教师、幼儿、社区、家庭共同参与，运用生态学理论与方法设计课程，并对其进程进行生态规划的园本课程。

(二) 研究的理论基础

1. 布朗芬布伦纳的人类发展生态系统理论。

1979 年，布朗芬布伦纳在其所著的《人类发展生态学》（*The Ecology of Human Development*）一书中提出了人类发展生态学理论的核心理念——生态系统理论。他认为真实自然的环境是影响儿童青少年发展的主要源泉，人的心理也是处在生态环境中，人的发展离不开与环境的相互作用。在他的理论中，生态指的是有机体或个人正在经历着的、变化着的，或者与个体有着直接或间接联系的环境。儿童发展生态系统则是指儿童生物学属性的气质和性情与儿童发展的诸多环境因素的结合体。这个环境是各种层次、不同性质的环境相互交织在一起，构成的一个既具有中心又向四处扩散的网络。这个生态系统从里到外包括微观（小）系统（microsystem）、中间系统（mesosystem）、外系统（exosystem）和宏观（大）系统（macrosystem）。每个层次的系统都和上下级系统相互包含、交互作用。这种模式将直接经验的微观系统放在了由两个或更多的微观系统组成的中间系统中，按照次序，每一个水平的系统又嵌套在外系统中。与每一个同心圆都相同的圆柱是时间系统（chronosystem），意指每一个同心圆系统的内容都随着时间的推移而变化。

（1）微观系统。从儿童发展生态模型图来看，位于同心圆最内层的家长、教师以及与儿童最为密切接触的其他人员构成了微观系统。这个系统包含儿童与他当前所在环境的关系和相互作用。在这个系统中，布朗芬布伦纳用"双向影响"来描述儿童与环境之间的互动，这种双向影响对儿童的影响是最大的，微观系统之外的系统也会对内层系统产生影响。布朗芬布伦纳将微观系统定义为"发展着的个体在特定客观环境中所体验到的活动、角色和人际关系范式"。

（2）中间系统。中间系统是由发展中的个体积极参与构成的两个或多个情景之间的相互关系。它不是一个实在的环境，而是由儿童发展所在的微观系统之间的联系构成的。对幼儿来说，家园联系、家庭与社区的联系、幼儿园与社区联系等就是儿童发展所在的中间系统。

（3）外系统。外系统是指发展的个体不直接主动参与，但却影响或受其中所发生的一切所影响的一个或多个环境。这个系统是通过影响儿童所在的微观系统来对儿童发展产生作用。例如父母的工作单位、教师的家庭等。虽然儿童没有直接加入到这些外系统中，但是儿童却能感觉到它们作用于微观系统所带来的积极和消极的影响。

人类发展生态学的整个理论体系把人的发展放在一个庞大的生态体系中加以考察，认定人的发展是一个过程。通过这一过程，人获取有关生态环境的概念，逐渐形成揭示生态环境的特征、参与环境中的活动、维持或改变环境特征的动机和能力，并积极利用、改变环境，这些崭新的思想为人类发展的研究铺设了又一块基石。布朗芬布伦纳认为儿童发展的生态环境由若干相互镶嵌在一起的系统组成。

人类发展生态系统理论对儿童发展的环境影响提出了与众不同的、全面的解释，为我们进行生态化园本课程建设提供了理论上的支持。

2. 可持续发展理论。

这一理论指出可持续发展就是合作、公平、合理使用资源及对环境的关注与考虑。其核心就是要尊重自然规律，倡导发展环境，承认自然资源的价值，认为人与自然要和谐协调地发展。可持续发展理论为我们进行生态化园本课程研究提供了理论支撑。一方面，幼儿是未来世界的主人，他们对待自然的态度与方式决定人类社会可持续发展能否实现。另一方面，儿童是被保护、被照顾的群体，但从发展的眼光看，我们把学前儿童仅仅看作幼儿是不够的，要把学前儿童和人的终身发展、可持续发展联系起来，把学前教育课程和人的终身教育联系起来。所以生态化园本课程的建构既要培养幼儿的环境意识，立足于实现可持续发展的全球战略目标，又要立足于幼儿自身的可持续发展、终身发展。

3. 杜威的生活教育思想。

杜威从教育与社会生活的关系的角度，从教育即生长出发，提出了"教育即生活"的观点。他认为生活是生长的社会表现，一切事物的存在都是人与环境相互作用产生的，人不可脱离环境，学校也不能脱离眼前的生活，所以教育就应该是生活本身，必须把教育与儿童眼前的生活融为一体。在杜威看来，最好的教育就是"从生活中学习"。教育就是给儿童提供保证生长或充分生活的条件，而不问他们的年龄大小；教育就是儿童现在的生活过程，而不是将来生活的预备，应把学校改造成简化、净化的雏形社会；学校中的课程不应该着眼于文字科目，而应着眼于儿童现在的生活经验，教学应该从学习者现有的直接经验开始，注重培养儿童对现实社会的适应能力。这为我们构建生态化园本课程提供了设计活动的基本理念和思路。

4. 苏霍姆林斯基的亲近自然教育思想。

苏霍姆林斯基提出："大自然的美在培养崇高精神方面起着很大的作用。大自然会在少年的心灵中培养起对事物、现象和人们心灵活动的各种细致的表现和差别的感觉和感觉的感知能力。"他认为教育的任务在于，"使学生在童年时期认识大自然的过程中获得的情感美感财富，到少年时期作为人最为深刻的一种需求进入少年的精神生活；使他们能比童年时期更为深刻地认识到大自然的美，这能帮助少年认识自己身上美德和崇高的东西，有助于确立人的自尊感。在认识大自然绚丽多彩的美的过程中，孩子们感受到充分快乐愉快的精神力量，渴望去认识日新月异的美感财富源泉"。

苏霍姆林斯基关于亲近自然的教育思想和实践为我们利用自然资源设计顺应儿童天性的活动方案提供了宝贵的经验。

5. 建构主义学习理论。

建构主义学习理论认为，学习是主动的，学习者不是被动的刺激接受者，学习不是由教师向幼儿传递知识，而是幼儿主动建构知识的过程。幼儿的学习主要是在于解决认知冲突或不平衡时认知结构发生了改变。个人的学习被看作是新旧知识、经验交互作用的结果，而不只是新概念的堆积。学习的途径即个体能从自己身边的生活出发，亲历文化，深刻理解事物，然后内化在自己的行为与思想中，从而更好地解决生活和实际中所遇到的问题。

有效、科学的学习必须通过学习者与教师、学习素材以及学习伙伴的互动来进行。教师在教授科学知识之前，应在认真考虑学习者先前的知识背景的基础上调整现有的教学材料、布置适当的问题情境，制造学习者在认知上的冲突，以引起学习者的反省及思考，寻找解决问题的途径。整个教学活动借助于师生之间、学习伙伴之间充分的沟通互动、辩论协调、澄清疑问等过程。教师是幼儿主动建构知识经验的促进者，是幼儿合作学习的伙伴与引导者。建构主义的教学理论强调教师要成为幼儿主动建构意义的帮助者、促进者，课堂教学的组织者、指导者，而不是课堂的"主宰"和知识的灌输者；要求幼儿主要通过自我参与、体验的方式进行学习。所以，建构主义教学就是努力创造一个适宜的学习环境，使学习者能积极主动地构建他们的知识。

建构主义的理论决定了生态化园本课程中幼儿的学习方式是活动式的，是儿童主动建构知识的过程。

三、本项目的研究现状

（一）国外研究

美国学前教育机构利用社区公园进行教育活动的方式和做法对我们进行生态化园本课程构建具有借鉴意义。美国学前教育机构利用社区公园进行教育的主要方式有以下两种：第一，带领儿童到社区公园去游戏，引领儿童到社区公园去观察，利用得天独厚的自然资源，增强儿童对周围环境的感性认识，提高儿童的探究能力和审美能力。第二，引领家庭参与社区公园活动，利用各种途径把社区公园活动信息输送给家庭。

日本是一个崇尚人与自然和谐统一的国家。这种文化传统不仅体现在日本的社会生活中，也反映在幼儿园的教育中。即使你走进大都市的幼儿园，你也会从环境的创设及利用中感受到自然，感受到自然与人的和谐。日本的幼教工作者认为自然的环境是最有益于孩子发展的。他们总是尽可能扩大幼儿的户外活动空间，即使经济条件允许，他们也希望幼儿园的水泥、瓷砖、塑料等越少越好。

英国也非常重视利用自然生态环境促进儿童的发展，他们特别强调的一点是重视培养儿童"生态人格"。这里的生态人格是建立在主客相融的生态智慧基础上，是在生态之真善美的道德实践领域中展开的，突破了传统道德局限在人际道德关系的狭隘，将人与自然的关系纳入道德人格的系统塑造中，以追求人的优良生存发展的环境质量、优良的生活质量和优良的生命质量，从而使自己成为一个具有生态智慧的全面发展的人。

德国华德福幼儿教育的理念认为人类的身体是个感官体，人类借此感官体观察人，观察矿物、植物和动物以吸收外界的信息，与外界接触。虽然人与矿物、植物和动物的存在形式不同，但相互之间却有着紧密的相关性。基于这点，人类与自然界息息相通。这种相通既要求生活节奏与自然的协调一致，也要求人类感知的刺激来源于自然。所以，在儿童的教育中尽量增加自然的内容，强化自然的意识，教育手段上多注意运用自然素材，在活动安排上多注意与自然的和谐统一，让幼儿更多地感受、认识和亲近自然。用于幼儿生活和学习的东西应该都是自然物，其他一切人为的经过现代加工的材料都不适合孩子的身体和心灵，都应该远离幼儿。除了材料本身取自自然之外，材料形态也应该保持自然状态，不需深入细致加工。华德福教育亲近自然的思想提醒我们把人类放到自然的大环境中来认识，尊重生态，与自然融为一体，从而保持身心的健康成长。

（二）国内研究

1. 幼儿园课程领域的研究。冯晓霞（1996）从自然生态、社会生态、学习生态、教育生态、心理生态等方面对当代儿童的成长环境及其可能或已经产生的影响进行了分析，倡导教育要按照"生态平衡"的原理，在课程研究中必须重视对当代儿童的生态环境及其发展现状、需求的研究。

2. 儿童发展方面的研究。邢强和万明钢（2000）对藏族地区的双语儿童的整体发展情况进行了研究，发现不同文化、不同生态环境、生产方式对人们的心理有不同的要求，生态环境是影响藏族双语儿童智力发展的一个重要因素，大力发展社区社会生产力、不断改善社区生态文化环境有利于儿童的发展。

3. 王永峰、李勇（2007）基于系统论、可持续发展理论、生态化教育等理念建构了一种"生态化社区学前教育模式"，把学前教育融入社区环境，与社区、家庭相结合，并同其他相关因素互相影响、渗透，为幼儿提供一个良好的可持续教育环境。

4. 生态学视野中的学前教育专著研究。近年来，不少研究者从生态学视野对学前教育问题做了相关的系统研究，并出版了一批生态学视野的研究专著。如许卓娅教授的《学前教育与历史生态观》，以历史的即发展变化的，生态的即普遍联系的，主观的即受审视主题个人局限性限制的方法论来审视学前教育中的问题。薛烨、朱家雄教授等的《生态学视野下的学前教育》，系统地介绍了学前教育生态研究的发展，包括生态心理学、文化人类学、人类发展生态学、复杂社会关系多层次结构理论、生态认识论、人类发展的文化本质理论等对学前教育研究的贡献与启示；还系统论述了儿童发展和教育的生态环境——家庭系统、托幼机构、社区、文化与儿童发展之间的关系。

当前，课题组通过查找文献和期刊，发现基于生态学的视角研究学前教育的现象越来越热门，然而很少有专门从利用社区自然资源、从生态学的生态观构建课程的，大部分幼儿园在利用自然资源时，只是作为旅游、环保教育之用。因此我们提出了本课题。

四、本项目的总体框架和基本内容、拟突破的重点、拟解决的关键问题及主要创新之处

（一）总体框架和基本内容

1. 总体框架。

充分利用天河公园的丰富的自然资源，推行"大自然、大社会都是课堂，都有活教材；让儿童走进自然，在自然状态下中身心和谐成长"的园本课程理念，研究生态化园本课程开发和实施的策略，构建出一套游戏化、自然化、生活化，适合幼儿发展的生态化园本课程，并从中提炼出利用自然资源建设生态化园本课程的主要策略，为广东省农村幼儿园建设与实践乡土课程提供参考。

2. 基本研究内容。

（1）调查收集教师和家长对于幼儿园在天河公园开展教育活动的认识，以及在实践中的困惑与疑难问题，为生态化园本课程的研究提供实践论证。

（2）构建适宜的课程目标体系。

（3）利用社区环境条件开发适合幼儿发展的生态化课程资源。

（4）收集、整理、设计相应的教育活动方案，并进行论证性实践研究。

（5）建立促进幼儿身心全面和谐发展的生态化园本课程评价指标体系。

（6）探讨生态化园本课程的建设与实施策略。

（二）拟突破的重点和解决的关键问题

探索促进幼儿身心全面和谐发展的园本课程模式，形成生态化园本课程体系，并从中提炼出利用自然资源建设园本课程的策略是本研究的重点。要解决的关键问题是研究过程中如何提升教师的专业素养，提高教师开发、实践园本课程的意识与能力，保证研究顺利进行。

（三）主要创新之处

1. 以生态化的理念构建园本课程，将生态的概念从自然界引申到儿童成长的环境，生态意味着自然、朴素，更体现在以尊重儿童自然天性为前提营造的最适宜儿童成长的生态化环境，包括自然生态、社会生态、学习生态、教育生态等。

2. 尝试在城市寻找与农村幼儿园相似的环境条件，积累可以供农村幼儿园借鉴运用的经验，为城市与农村幼儿园对话、交流提供新方法、新思路。

五、本项目的研究方法、技术路线及研究计划

（一）研究方法

本研究采用行动研究的理念和方法，按照"关注活动、寻找问题→理性思考、寻求方法→实践验证、解决问题→总结反思、再生问题"的流程，以天河公园教育活动为载体，建立课题组成员之间的合作平台。课题组成员立足现实、畅所欲言解析活动，解读教育目标，分析教育行为，继而实现每位教师的行为跟进，力求体现"同事互动与专业引领相结合、案例讨论与行为跟进相结合"的现代教研思想，促进每位教师的专业成长。具体采用的研究方法主要有以下几种：

1. 文献法。在本课题研究的初期，主要采用文献法收集相关资料。以"生态""生态教育""园本课程""幼儿环境教育""生态化园本课程"等为关键词在中国期刊网、Google 学术搜索等网站收集、整理相关资料，分析已有的相关研究成果和现状，确定本研究的可行性，同时为本研究的设计、构思奠定基础。

2. 观察法。在教师组织幼儿到公园开展公园活动时，进行现场观察，采用计划性和灵活性相结合的方式，用照片和录像记录生态化园本课程的

开展。

3. 案例研究。选择典型的、具代表性的案例（课例），探讨生态化园本课程开展的成功因素。

4. 教育叙事研究。课题组教师用叙事的形式叙述活动开展的设计意图、活动过程、活动中存在的问题、活动带来的效果、活动的生成等。

5. 问卷法。通过自编调查问卷，调查家长对课程的认识状况、教师在实践中遇到的主要问题等。

6. 访谈法。教师利用家长开放日、家长会、家长助教等形式与家长交流生态化园本课程的开展情况，更深层次地了解家长对课程的态度、认识，以及对合作方法的意见等。

（二）研究的技术路线

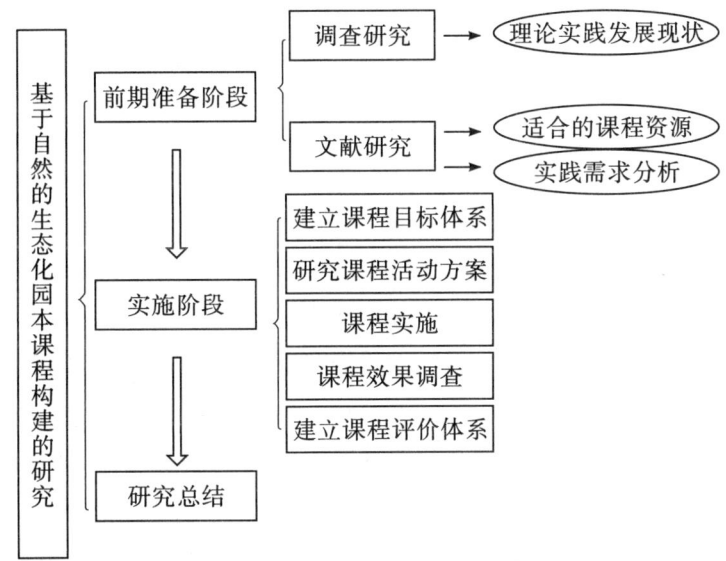

（三）研究计划

本课题的研究时间为两年。

1. 第一阶段：课题预备阶段（2012 年 10—12 月）。

（1）成立课题小组，撰写课题申报书。（刘景容）

（2）编制调查问卷（包括家长问卷和教师问卷）。（庞春敏、杨慧敏）

2. 第二阶段：课题研究启动阶段（2012 年 12 月—2013 年 2 月）。

（1）对相关人员进行培训。（刘景容、彭奇志）

（2）构建生态化园本课程的目标体系。（彭奇志、庞春敏）

（3）撰写适合本课题研究的幼儿园工作计划。（彭奇志）

（4）建立课题网络平台，注重过程性资料上传。（周文莉）

3. 第三阶段：课题实施阶段（2013 年 2 月—2014 年 7 月，由彭奇志负责）。

（1）设计并组织活动，要求做好活动的记录及反思。（2013 年 2—7 月，大中班教师）

（2）对活动记录及反思进行分析，初步确定评价指标，取得第一次阶段性总结并调整方案。（2013 年 7—8 月，彭奇志、庞春敏、杨慧敏）

（3）基于第一次阶段性总结调整的方案，进行行动研究、试用评价指标。（2013 年 9 月—2014 年 1 月，大中班教师）

（4）第二阶段总结、调整方案，建立评价指标体系。（2014 年 1—2 月，彭奇志、庞春敏、杨慧敏）

（5）基于第二次阶段性总结调整方案并开展行动研究，验证评价指标体系。（2014 年 2—7 月，大中班教师）

4. 第四阶段：总结阶段（2014 年 7—9 月）。

（1）分析整理有关课题研究资料，形成课题研究的文字、音像等成果资料。（彭奇志、陈秀文、黄立敏等）

（2）提升、总结各阶段研究成果，形成活动方案集、教学笔记与经验集。（潘卓、彭奇志、陈秀文、庞春敏、杨慧敏等）

（3）提炼利用自然资源建设园本课程的策略，撰写论文。（刘景容、庞春敏、杨慧敏等）

（4）完成本课题研究报告，准备其他结题材料等，申请结题鉴定。（刘景容、庞春敏、杨慧敏、彭奇志等）

六、负责人前期研究基础

［包括近三年来曾完成哪些重要研究课题，已发表哪些相关成果，相关成果的评价情况（引用、转载、获奖及被采纳情况），已收集哪些相关资料，完成本课题研究的时间保证，资料设备等科研条件。］

（一）负责人前期研究基础

本课题负责人刘景容于 1993 年北京师范大学国民教育本科毕业，主修学前教育，毕业后一直从事幼儿教育工作。主要的科研经历包括以下方面：

1995 年参加国际教育评价协会学前项目（IEAPPP）在广州地区科研的

后期工作，完成了两项子课题的调查分析和论文撰写。

1996 年开始进行园本研究"识字教育对幼儿普通话表达能力的影响"。

1999 年参加教育部人文社会科学"九五"专项课题"学前创造性教育课程及其理论构建"的研究，并主持子课题"学前全语言教育"的研究。

2001 年参加区级立项课题"园本课程的构建与实施"的研究。

2002—2006 年主持广东省学前教育协会"十五"规划课题、广东省"百千万"人才工程天河区名校长培训立项课题"立足托幼园所，开展社区儿童科学教养"的研究。

2010 年开始，主持广州市教育局第十五届特约教研员立项课题"构建社区家长学校亲子课程，提高入托适应性"的研究。

2005 年，在筹建广州市天河实验幼儿园时，提出构建生态化园本课程的设想和办园目标，多年来进行了零星的园本研究，并建立了相关的制度。

2008 年，带领天河实验幼儿园全体教职工通过了广州市绿色幼儿园的评估。

2012 年，在全国中文核心期刊《早期教育》第六期发表论文《充分利用现有资源有效践行环境保护》。

（二）完成课题的科研条件

参与课题研究的成员中有两位硕士，分别是学前教育和课程论方面的研究人员，她们在校期间已参与了课程建设的相关研究工作；其他成员均是合作单位的骨干教师，其中七人具有幼儿园高级教师职称和十余年幼教工作经验，另外三名年轻教师均有国民教育本科学历和学士学位。

课题负责人和两位研究人员来自广东省教育研究院，有强大的专业研究团队背景。研究院有较充分的资料和科研设备。研究院领导高度重视并支持专业人员开展相关领域的研究，能给予时间上的保证。

合作单位天河实验幼儿园是广东省一级幼儿园、广州市绿色幼儿园、广州市天河区教育局直属公办幼儿园。幼儿园管理规范，经费较为充裕，设施设备比较齐全，用于教科研的图书资料有一定积累。教职工有较高的综合素质、较强的科研意识和基本能力。家长普遍具有较正确的教育观念，能够接纳生态化园本课程的理念，并乐意参与课程建设；幼儿喜欢到天河公园参加活动。园方重视教科研，重视教师队伍建设和园本课程建设，高度关注幼儿身心健康全面和谐发展，愿意为课题提供人力、财力、物力、制度等方面的保障，力争两年内顺利完成该课题。

课题负责人和天河实验幼儿园在此课题申报前已经有较多零散的实践经验和资料积累。近几年来,幼儿园大中班师生坚持每周在公园组织教育活动,每学期都收集与生态化园本课程相关的活动方案和反思文稿,并装订成册,储备了大量教育活动照片和录像资料。

(三) 参考文献

课题组成员先后共查阅相关图书 40 多本,搜集、阅读相关学术论文 300 多篇,为研究的开展和推进做好了充分准备。其中,主要参考文献如下:

[1] 邢永富. 世界教育的生态化趋势与中国教育的战略选择 [J]. 北京师范大学学报:社会科学版,1997 (4).

[2] 范国睿. 教育生态学 [M]. 北京:人民教育出版社,2000.

[3] 刘雪飞,黄志斌,骆徽. 生命与延展:生态课程观解读 [J]. 上海教育,2004 (12).

[4] 李应君. 幼儿园园本课程资源开发利用研究 [D]. 兰州:西北师范大学,2004.

[5] 张治. 新课程改革背景下的生态课程结构初论 [J]. 上海教育科研,2005 (9).

[6] 李嫔琦. 以自然为轴线建构园本课程 [J]. 学前教育研究,2005 (3).

[7] 简楚瑛. 学前教育课程模式 [M]. 上海:华东师范大学出版社,2005.

[8] 覃兵. 园本课程开发的制约因素及对策探析 [J]. 学前教育研究,2007 (6).

[9] 张海红. 幼儿园园本课程资源整合利用的问题及对策 [J]. 江西教育科研,2007 (12).

[10] 薛烨,朱家雄,等. 生态学视野下的学前教育 [M]. 上海:华东师范大学出版社,2007.

[11] 王兰枝. 回归生活课程理念下的幼儿园园本课程开发研究 [D]. 呼和浩特:内蒙古师范大学,2008.

[12] 戴文红. 幼儿园开放性园本课程的构建与实施 [J]. 学前教育研究,2009 (7).

[13] 朱虹. "活教育"理论对农村幼儿园园本课程开发的启示 [J]. 现代教育科学,2010 (2).

［14］陈白鹭. 利用本土文化资源建设园本课程的基本原则与要求［J］. 学前教育研究，2010（12）.

［15］陈宛兰. 开发利用本土文化资源　增强园本课程内容的适宜性［J］. 教育导刊：下半月，2011（2）.

［16］左瑞勇，李婷婷. 园本课程开发价值取向的文化哲学探讨：以胡塞尔"生活世界现象学"为视角［J］. 教育导刊：下半月，2011（2）.

［17］葛晓英. 本土文化教育园本课程的建构与探索［J］. 学前教育研究，2011（9）.

［18］崔振燕. 园本课程的开发现状、问题及对策研究［D］. 济南：山东师范大学，2011.

［19］周洪宇. 陶行知生活教育学说［M］. 武汉：湖北教育出版社，2011.

［20］浙江省富阳市灵桥镇中心幼儿园. 具有民间特色的园本课程［J］. 上海教育科研，2012（9）.

第三章　过程管理

一、开题论证

开题意味着实质性研究工作的开始。开题关系到研究的质量和进程。科研管理部门一般会要求立项课题在指定的时间内完成开题，以便保证研究工作的顺利展开。

开题是课题研究不可忽视的环节。课题研究是一项专业性、理论性和技术性很强的工作，必须精心组织实施才能确保研究的质量和效益。开题是在课题设计后对课题研究的再认识，主要任务在于进一步论证研究的可行性，是体现课题研究精心组织与管理的重要一环。这个环节包括制订报告文案和召开报告会。开题报告须在课题设计的基础上，进一步厘清研究思路，明确研究重点，细化研究的组织与进度安排，对预期成果做具体设定，使课题研究更有操作性。

开题报告有不同的形式。开题一般以会议的形式举行。会议的范围、目的与具体内容可以有所不同。一种是聘请专家开题。即开题会上聘请相关研究方面的专家，或对本课题研究比较熟悉的权威人士，根据课题研究内容和具体实施方案，找出存在的问题，提出修改意见和建议，并有针对性地加以指导。这种形式的开题侧重于找问题、解决问题，确保整体研究质量。另一种是组内开题。即课题组负责人及成员自行组织开题，开题重点放在成员分工上。选择此种形式开题，需要课题负责人科研和业务水平高、能力强，有丰富的课题研究经验，有独立承担课题研究的经历；课题负责人及成员对研究内容、方法、步骤等比较熟悉，充分理解，有绝对的把握；或在课题设计时对课题的论证已经很充分，不需要请专家再论证，开题只是让成员加深对课题研究工作的认识，布置任务，讨论如何具体实施。

开题论证要注意如下几个方面：

（1）幼儿园的课题研究应聘请专家指导。从开题报告的文本格式设置有"专家评议"一栏可以看出，大多数科研管理机构要求课题组聘请专家参与开题。专家能高屋建瓴地给予指导意见，还能起到旁观者清的作用。

专家参与的开题报告会基本程序包括：课题主持人做报告、专家提出意见、成员与专家对话讨论、形成专家意见。一般在开题报告会上，聘请的专家为3~5名。为了确保专家的指导有效，避免开题流于形式，应聘请对课题相关内容或幼儿园科研工作有深入研究、能直言不讳地提意见的专业人士，而不是选择行业地位高、名气大或不愿意提出个人看法的人士。需要注意的是，在开题报告会上，课题组要充分利用好专家资源，要敢于提出自己的困惑、疑问，大胆和专家进行讨论，而不是带着问题表面上接纳专家意见，之后却不知何去何从。开题报告会请的专家就是外援，要善于借力外援，帮助课题在研究之初扫清障碍，确保随后的研究行动顺畅无阻。

通过开题结识的专家，如课题组认为帮助大，应保持长期联系，当需要的时候，可以邀请专家现场指导。幼儿园的课题研究最好聘请一位专家持续指导，偶尔再请其他专家从不同角度予以启发。

（2）开题报告会不宜对同行开放。开题报告是课题研究的起始，没有成果可以展示。另外，如果有同行观摩，专家提意见时往往会有所顾忌，不会把问题全部直白地说出来。同样，因为有外人在场，课题组成员也不敢畅所欲言地说出个人想法。因此，开题报告会并不是一项值得公开的活动。

（3）开题后要对课题设计进行修订、完善。课题组在与专家进行充分研讨后，根据专家意见对课题设计的相关内容进行调整、修改，使研究计划更加科学、可行。对课题设计有较大修改的，科研管理部门一般会要求课题组提出变更申请，申请被批准后，结题才能按变更的内容进行鉴定。

开题不仅是布置、安排科研工作，其本身就是一次研究、学习、提高的过程。课题组成员应以高度的责任感和事业心、严谨务实的科研态度，认真做好开题工作。

实例链接

课题"基于自然的生态化园本课程构建的研究"的开题报告是由课题主持人所在的单位统一组织的。该课题是当天参与开题报告的7项课题之一。

报告会限定了主持人汇报时间为 15 分钟，专家指导时间为 20 分钟。可以说，讨论并不充分，但在有限的时间内，专家们给予了课题主持人充分的肯定。他们提出的建议对课题组日后的研究工作起到了指明灯的作用。比如对课程目标体系的建设，专家提出"结合《3—6 岁儿童学习与发展指南》来拟定"，使课程开发中难度较大的问题迎刃而解。专家提出应拓展课题研究的合作面，这项意见促使随后开展的研究在内容与过程上有了较大的变动，课题组因此提出变更申请。

如果没有特殊情况，幼儿园组织的开题报告会最好能给每个环节安排半天时间，以便有足够的时间与专家进行深入讨论，使开题真正成为课题研究的起点，而且是有专家参与的高起点。如果时间有限，课题主持人可以事先将开题报告、课题设计这两份材料发给专家审阅，也可以压缩现场的报告时间，尽量把时间留给专家提意见。

开题报告会上，在专家同意的情况下，可以录像或录音，以便以后在需要时回放，同时也要安排专人（一般是课题组成员，要求记录速度快、准确，文字理解与表达能力强）做好文字记录，并在会后整理成文，给专家组审阅、修改，形成书面的专家意见。

开题报告会的专家组须设一位组长。课题负责人可以提前知会有意向的专家，获得其许可，现场再征得其他专家同意。

二、实施研究计划

根据开题报告会的专家意见修改研究计划后，课题组应按计划开展研究活动，将课题设计逐步转变为现实。研究计划应具体、严谨，这样研究过程基本按计划执行即可。而不完善、不周密的计划实施起来往往会有变数发生。

幼儿园的课题研究多数是行动研究。行动研究是"行动者"用科学的方法研究并解决实践问题的一种研究模式。严格来讲，行动研究不是一种科研方法，而是一种理念。行动研究至少包括三层含义：为行动而研究（以解决实际问题、改进教育工作为目标）；在行动中研究（在动态、自然的教育现场进行研究）；对行动的研究（教师对自己的教育实践的反思）。行动研究并非随心所欲、草率行事的代名词，而是一种科学性探索，需要运用观察、测量、调查与实验等科学方法系统地、持续地收集资料和分析资料，也需要科学的理论指导。理想的行动研究应该是多种科研方法的灵活、合理并用。行动研究强调将改革行动与研究工作相结合，这种理念非常适用于园本研究。行动研究还强调及时反思与调整。因此，具体的研究过程中，在保证研究基本方向、内容、框架不变的情况下，研究行为可能会有一些变化。研究过程中应注意以下事项：

（1）收集事实材料是研究过程中的重要工作。收集材料要严格遵循客观原则，尽可能全面，兼顾材料的质与量。在收集材料的同时，还要及时整理记录，积累典型材料，做出分析，以确定是否要调整研究行动。

（2）研究过程中应陆续形成研究成果。为了保证课题设计的预期成果在结题前全部实现，应在研究过程中阶段性地整理出相应成果。特别是预期要公开发表论文或正式出版专著的，更要提前准备，因为发表或出版需要一定的时间，而且具有不确定性。只有早做准备，才能确保如期结题。

有的科研管理机构设定了项目免于鉴定的成果要求。比如，广东省教育科学规划领导小组规定可免于鉴定的项目成果包括：获得厅级或省部级以上成果奖的，提出的理论观点、政策建议等被地市级以上行政机关采纳吸收的。因此，在研究过程中形成高质量的成果意义重大。

（3）研究过程中要保证课题活动的独立性。幼儿园课题研究的园本性，很容易导致将研究与日常工作混为一谈。课题研究同时还具有专业性、学术性。幼儿园要给予课题组成员充足的时间与制度保障，确保课题组有专门的机会和条件进行有针对性的学习、研讨。

（4）课题主持人是研究过程的组织者、引领者、参与者。课题主持人要有强烈的角色意识，率先垂范，带领团队有条不紊地开展研究工作，包括：搭建适用的平台，确保课题组成员交流顺畅；关注研究过程中出现的新情况、新问题，及时组织课题组成员研讨、分析，提出对策；重视团队学习业务信息和科研方法，指导、检查成员按期完成阶段性研究任务；组织中期报告；负责并完成某些重要的研究任务；等等。

实施研究计划的过程是课题研究的主体部分，占据了整项研究工作的大部分时间。全体课题组成员应本着实事求是的精神，严谨实施研究计划，确保研究过程的客观性、科学性。

实例链接

课题"基于自然的生态化园本课程构建的研究"的研究过程比预期延长了半年，主要原因是实验园范围扩大后，研究工作量增加，研究过程的组织工作变得复杂了。课题设计的初衷只是帮助一所幼儿园构建园本课程，而开题后则调整为与有同类需求的幼儿园一起探讨类型课程构建的方法、策略，因此课题主持人改变了研究的组织方式。如建立研究制度与交流学习制度，组建课题研究的核心组与中心组，带领研究组成员到不同城市观摩优质课程，吸取经验（详见本书第51页的"工作报告"）。

从中期报告和工作报告中可以看出，两年间，课题组成员态度积极主动，按照计划扎扎实实开展了大量有针对性的工作，形成了远超预期的研究成果，其成效是显而易见的。

三、中期报告

为了加强对课题研究的规范管理，越来越多的科研管理机构开始对时间跨度较长（如2年以上）的立项课题实行中期检查制度。中期检查是科研管理部门使用的一种非常有用的项目管理手段。

中期检查主要检查项目研究开展的进度、阶段性成果和经费使用等情况。具体内容一般包括：项目是否按原计划进行，研究进度是否符合项目研究计划的需求（包括项目的基础性调研、资料整理、专题研讨等工作是否已开展，情况如何）；项目负责人所在单位是否为项目实施提供了必要条件（如时间保证、调研便利等）；已有的工作成果和阶段性成果是否坚持正确的政治方向，学术水平如何；项目经费是否真正用于项目研究工作，开支是否合理。

中期检查结果往往与经费划拨挂钩。对检查合格的，按时拨付第二次经费；对不按时报送中期检查报告或检查不合格的，暂缓拨付经费，情况严重的还要予以追究。

中期报告缘起于中期检查。课题组为接受科研管理机构的检查，需要进行中期报告。报告的形式一般是提交书面材料（包括规定填写的表格和前期研究成果），也可以在提交书面材料的同时召开报告会，邀请专家和科研管理机构的工作人员参加。报告会的主要程序包括主持人向课题组全体成员和管理机构工作人员及专家汇报课题研究的进展情况、成果文本资料展示、现场活动与环境展示、与专家研讨等。中期报告会的定位仍是课题研究过程中的一次正规研讨活动，而不是成果展示，因此不宜公开。

中期报告是项目研究的一个重要节点，起到承上启下的作用。中期报告能帮助课题组及时回顾、系统反思过去已经开展的工作，并对未来予以展望或重新规划。因此，即使幼儿园的课题并未立项，或者立项部门并未要求项目组进行中期总结，课题组也可以借鉴相关文件对课题中期检查的要求自行设置中期报告环节。

实例链接

　　2015 年 2 月，课题"基于自然的生态化园本课程构建的研究"进行到一半时，广东省教育科学规划管理小组办公室对课题组发出了中期检查的通知，要求课题组填报相关表格、提交中期研究成果。这是一次非常好的关于课题研究的阶段性总结的机会。虽然此前课题设计强调了研究遵循"关注活动、寻找问题—理性思考、寻求方法—实践验证、解决问题—总结反思、再生问题"的行动路径，总结反思贯穿全程，但因缺乏一定的仪式和规范的格式要求，这些总结和反思处于零散的、随机的状态，没有上升到系统思考的高度。课题研究行进至中段，课题主持人根据中期检查的通知文件梳理了前期工作，进一步明确了后期需要完成的任务和拟开展的工作。在这期间，课题主持人对此前的研究资料首次进行了全面整理、修订，为一年后结题期间的成果整理做好了铺垫。结题时的工作报告就是在中期报告的基础上完成的。

第三章　过程管理

《实例》 开题报告

广东省教育科学研究课题
开 题 报 告

课 题 名 称　基于自然的生态化园本课程构建的研究

课 题 类 别　　　　教育科学研究

所 属 学 科　　　　　教育学

课 题 承 担 人　　　　　刘景容

所 在 单 位　　　广东省教育研究院

广东省教育科学规划领导小组办公室制
2012 年 12 月

一、开题活动简况（开题时间、地点、评议专家、参与人员等）

（此处略）

二、开题报告要点（题目、内容、方法、组织、分工、进度、经费分配、预期成果等，限 5 000 字，可加页）

（一）题目：基于自然的生态化园本课程构建的研究

本研究借鉴生物学中生态的概念，以一所幼儿园的教育要素构成的儿童成长环境为区域范围，以丰富的自然资源为载体，以促进幼儿身心全面和谐发展为核心目标，从生态学的视角构建园本课程。幼儿的健康成长依赖于环境。环境中的所有要素构建起一个良性的、动态的、共生的系统至关重要。基于幼儿普遍存在的亲自然性，以及广大家长和教师对此的认可，本课题研究人员顺应儿童的自然天性，以华南师范大学附属幼儿园、暨南大学附属幼儿园、广州市天河实验幼儿园、清远市新北江幼儿园等多所幼儿园所为基地，依托社区自然资源，利用观察法、调查法、访谈法、问卷法、教育叙事等研究方法，从课程目标拟定、教育资源开发、内容选择、实施途径等方面构建生态化园本课程，从中提炼以自然环境为主要资源构建生态化园本课程的策略，丰富相关专业理论，积累相应的实践经验。

（二）基本内容

充分利用社区丰富的自然资源，推行"大自然、大社会都是课堂，都有活教材；让儿童走进自然，在自然状态下身心和谐成长"的理念，构建出一套游戏化、自然化、生活化，适合幼儿发展的生态化园本课程，并从中提炼出利用自然资源建设生态化园本课程的主要策略，为广东省农村幼儿园建设与实践乡土课程、城市幼儿园建设生态型园本课程提供借鉴与指导。

基本研究内容：

1. 调查收集教师和家长对于幼儿园在天河公园开展教育活动的认识，以及在实践中的困惑与疑难问题，为生态化园本课程的研究提供实践论证。

2. 构建适宜的课程目标体系。

3. 利用社区环境条件开发适合幼儿发展的生态化课程资源。

4. 收集、整理、设计相应的教育活动方案，并进行论证性实践研究。

5. 建立促进幼儿身心全面和谐发展的生态化园本课程评价指标体系。

6. 探讨生态化园本课程的建设与实施策略。

（三）研究方法

本研究采用行动研究的理念和方法，按照"关注活动、寻找问题→理性思考、寻求方法→实践验证、解决问题→总结反思、再生问题"的流程，以教育活动为载体，建立课题组成员之间的合作平台。课题组成员立足现实、畅所欲言解析活动，解读教育目标，分析教育行为，继而实现每位教师的行为跟进，力求体现"同事互动与专业引领相结合、案例讨论与行为跟进相结合"的现代教研思想，促进每位教师的专业成长。具体采用的科研方法主要有以下几种：

1. 文献法：在课题研究初期主要采用文献法收集相关资料。以"生态""生态教

续上表

育""园本课程""幼儿环境教育""生态化园本课程"等为关键词在中国期刊网、Google 学术搜索等网站收集、整理相关资料，分析已有的相关研究成果和现状，确定本研究的可行性，同时为本研究的设计、构思奠定基础。

2. 观察法：在教师组织幼儿开展活动的过程中，进行现场观察，采用计划性和灵活性相结合的方式，用照片和录像记录生态化园本课程的开展。

3. 案例研究：选择典型的、具代表性的案例（课例），探讨生态化园本课程开展的成功因素。

4. 教育叙事研究：课题组教师用叙事的形式叙述活动开展的设计意图、活动过程、活动中存在问题、活动带来的效果、活动的生成等。

5. 问卷法：通过自编调查问卷，调查家长对课程的认识状况、教师在实践中遇到的主要问题等。

6. 访谈法：教师利用家长开放日、家长会、家长助教等形式与家长交流生态化园本课程的开展情况，更深层次地了解家长对课程的态度、认识，以及对合作方法的意见等。

（四）研究组织、进度与分工

本课题的研究时间为两年。

1. 第一阶段：准备阶段（2013 年 12 月—2014 年 2 月）。

（1）开题报告。（刘景容）

（2）进行问卷调查（包括家长问卷和教师问卷）。（庞春敏、杨慧敏）

（3）建立"自然课程研究"QQ 群，搭建交流平台。（刘景容）

（4）建立课题研究制度。（刘景容）

2. 第二阶段：启动阶段（2014 年 2 月）。

（1）对幼儿园保教人员、各园项目负责人进行培训。（刘景容）

（2）构建生态化园本课程的目标体系。（刘景容、彭奇志、庞春敏、尤登星、吴冬梅）

（3）撰写适合本课题研究的幼儿园工作计划。（彭奇志等合作幼儿园业务主管）

3. 第三阶段：实施阶段（2014 年 2 月—2015 年 2 月，由刘景容负责）。

（1）根据目标体系设计并组织活动，要求做好活动的记录及反思。（2014 年 2—7 月，合作幼儿园各班教师）

（2）对活动记录及反思进行分析，进行第一次阶段性总结并调整目标与方案。（2014 年 7—8 月，尤登星、彭奇志、吴冬梅、庞春敏、杨慧敏等）

（3）基于第一次阶段性总结调整的方案，进行行动研究、试用修订后的目标指标。（2014 年 9 月—2015 年 1 月，合作幼儿园各班教师）

（4）第二次阶段总结、调整方案，完善目标体系。（2015 年 1—2 月，尤登星、彭奇志、吴冬梅、庞春敏、杨慧敏等）

（5）基于第二次阶段性总结调整方案并开展行动研究，再次验证目标体系。（2015 年 2—7 月，合作幼儿园各班教师）

4．第四阶段：总结阶段（2015年7—11月）。

（1）分析整理有关课题研究资料，形成课题研究的文字、音像等成果资料。（尤登星、彭奇志、吴冬梅、陈秀文等）

（2）提升、总结各阶段研究成果，形成活动方案集、教学笔记与经验集。（刘景容、尤登星、潘卓、彭奇志、吴冬梅、陈秀文、庞春敏、杨慧敏等）

（3）提炼利用自然资源建设园本课程的策略，撰写论文。（刘景容、庞春敏、杨慧敏、尤登星、潘卓、彭奇志、吴冬梅等）

（4）完成本课题研究报告，准备其他结题材料等，申请结题鉴定。（刘景容、庞春敏、杨慧敏、尤登星等）

（五）经费分配

调研差旅费7 000元，用于课题组主要成员到清远市、广州市天河区等合作幼儿园现场研究；专家咨询费2 000元；成果打印费1 000元。合计10 000元。

（六）预期成果

成果内容为基于自然的生态化园本课程及构建策略，成果形式为研究报告、园本课程活动方案集和论文等。

课题主持人签名：刘景容

2014年1月××日

二、专家评议要点（侧重于对课题组汇报要点逐项进行可行性评估，并提出建议，限800字）

课题具有以下几个特点：

（1）本课题非常符合我省目前学前教育发展的需要，以课程建设促保教质量的提高。

（2）本课题既关注到农村幼儿园课程建设的可行性，又关注到城镇幼儿园建设园本课程的新思路，具有广泛的适用性。

（3）本课题在较准确地把握"自然""生态""园本课程"等关键概念的基础上，构建一套基于自然的课程方案，研究目标较为明确、具体，研究内容比较合适，研究方法比较恰当。

（4）研究团队与合作单位结构合理，在研究过程中重视合作幼儿园之间交流平台的搭建，以行动研究促进各幼儿园的专业发展、提升，确保研究质量。

（5）本课题的前期准备工作扎实，研究方案、实施工作计划适宜，完成课题的保障措施到位，项目与人员分工具体，预期成果具体，开题论证报告规范。

建议：

（1）在不到两年的时间内完成一项课程构建与评价的工作，任务紧，压力大。为保证课题质量，建议适当收缩课题研究范围，浓缩课题焦点，在浓缩焦点的基础上调整研究的思路和方法，确保高质量完成课题任务。

续上表

（2）目标体系的构建也是非常专业、有难度的，建议此课题研究的难点放在目标体系的建设上，结合《3～6岁儿童学习与发展指南》来拟定，确保课程与国家的相关要求相一致。

（3）建议高质量完成课题研究，正规出版课题成果，如《自然生态课程活动方案集》，明确成果形式。

评议专家组签名：×××

2014 年 1 月××日

四、重要变更（侧重说明对照课题申请书、根据评议专家意见所做的研究计划调整，限 1 000 字，可加页）

根据专家建议，结合课题组主要成员的专业方向与经验，为保证课题研究质量，课题组决定对研究内容做适当收缩，将研究焦点集中在课程方案的建设上。在本研究周期内完成课程目标框架、内容选择、方案设计与实施、课程评价、课程建设策略提炼等基本工作。

根据专家建议，为高质量完成该课题研究，课题组拟扩大合作面，增加课题研究成员。同时合作单位广州市天河实验幼儿园原定参与课题研究的主要成员黄××、周××、方××等教师因岗位调整或辞职，不能胜任课题研究工作，拟换成新增人员。增加的主要成员包括广州市天河区教师进修学校幼儿教育高级讲师尤登星，华南师范大学附属幼儿园业务副园长、中学高级教师吴冬梅，暨南大学附属幼儿园业务副园长、幼儿园高级教师王艳艳，广州市天河区新陶幼儿园业务主管周飞艳等。

课题主持人签名：刘景容

2014 年 1 月××日

五、所在单位科研管理部门意见

科研管理部门盖章

年　月　日

注：请在邮寄开题报告的同时，将电子版发至下列邮箱：××××××@sina.com。

实例 中期检查报告书

广东省教育科学规划项目中期检查报告书

项目名称	基于自然的生态化园本课程构建的研究		
项目负责人	刘景容	所在单位	广东省教育研究院
最终成果形式	论文、研究报告、活动方案集	项目批准号	2012YJK028

一、研究工作进展情况（工作方案、调研计划、实施情况、拟开展的工作、存在的问题，能否按时完成研究计划、经费使用情况等）

（一）按计划开展研究工作，有条不紊，进展顺利

1. 第一阶段：准备阶段（2013 年 12 月—2014 年 2 月）。

（1）刘景容完成了开题报告，按照专家意见对课题研究内容进行了调整，扩大了合作范围。

（2）庞春敏、杨慧敏完成了问卷调查（包括家长问卷和教师问卷）。

（3）刘景容建立了"自然课程研究"QQ 群，搭建起远程交流平台，开展随机或有主题的网络教研，并分享大量专业资料。

（4）刘景容建立了有操作性的课题研究制度，组建了课题研究的核心组和中心组。

2. 第二阶段：启动阶段（2014 年 2—3 月）。

（1）刘景容对合作幼儿园的保教人员、各园项目负责人进行了四场开题培训。

（2）课题核心组（刘景容、彭奇志、庞春敏、尤登星、吴冬梅等人）构建了生态化园本课程的目标体系。

（3）彭奇志等合作幼儿园业务主管撰写了适合本课题研究的幼儿园工作计划，拟订了各园课题研究的实施方案。

3. 第三阶段：实施阶段（2014 年 2 月—2015 年 2 月，由刘景容负责）。

（1）2014 年 2—7 月，合作幼儿园各班教师根据目标体系设计、组织活动，并做好活动的记录及反思。

（2）2014 年 7—8 月，核心组成员对活动记录及反思进行分析，进行了第一次阶段性总结并调整目标与方案。

（3）2014 年 9 月—2015 年 1 月，合作幼儿园各班教师基于第一次阶段性总结调整的方案，进行行动研究、试用修订后的目标指标和课程方案。

（4）2015 年 1—2 月，核心组进行了第二次阶段总结、调整方案，完善目标体系。

续上表

（二）加强学习与教研，帮助合作园正确领会课程的基本理念，设计、实施、验证课程方案

1. 外出参观、考察。2014—2015 年，课题主持人带领合作幼儿园的园长、骨干教师先后到深圳市梅林一村幼儿园、深圳市罗湖区实验嘉宝田幼儿园、广州市越秀区泰康路幼儿园、东莞市光大爱弥儿幼儿园、东莞市南城区尚城幼儿园、广州市开发区第二幼儿园、广州市萝岗华源幼儿园、广东省育才第一幼儿院、广州市第二幼儿园、佛山市机关幼儿园、佛山市禅城区惠景幼儿园等专业化程度较高、特色鲜明的当地知名幼儿园参观、交流、现场研讨等，开阔了课题组成员的视野与思路。

2. 组内现场教研。课题组先后在五所幼儿园根据该园的园情和特色课程进行了现场研讨。在广州市天河实验幼儿园进行了同龄混班的区域活动和公园活动的观摩与研讨，在清远市新北江幼儿园进行区域活动和半日生活的组织等教研，在清远市清城区石角镇培英幼儿园进行环境创设与区域活动的现场教研，在广州市天河区新陶幼儿园进行了大混龄区域活动的教研，在广州市花都区梯面中心幼儿园进行了乡土资源课程建设的讨论。现场教研活动针对具体问题与需求进行深入的交流、对话，使教师获得直接的指导，对课程的理解从观念落实到行为上。课题主持人还多次到新陶幼儿园指导混龄教育的开展，帮助该园建设以自然材料为主要载体的共享区域活动课程。

3. 网络远程交流与教研。课题主持人建立的 QQ 群内，话题多，信息新，资料丰富，讨论热烈，教研氛围浓厚。各园及时上传开展园本课程活动的图文资料，组内成员相互获得启发与灵感，尝试进行更具有创意的、符合课程基本理念与精神的活动。如天河实验幼儿园在天台种菜，将天河公园的废弃植物资源搬进幼儿园；暨南大学附属幼儿园在荷花缸里种植水稻，在班级内开展针织活动；东方熹园幼儿园开展社区石头彩绘活动；华南师范大学附属幼儿园充分利用大学校园的资源拓展课程；新陶幼儿园大胆进行以自然材料为载体的区域创设；江高镇幼儿园和清远幼儿园组织幼儿到田野等。这些信息都能及时通过网络上传到群里，相互启发，推进研究的深入展开。

4. 开学前集中培训。在 2014 年的寒暑假，我们利用开学前的时间，组织了 2 批 6 场次相关业务培训，内容包括课题介绍、幼儿园教学活动的设计与准备、绘本阅读的指导方法、幼儿园自制玩教具的制作标准与方法、课程方案解读、家园合作的策略等。这些具有实操性的培训安排在不同的合作幼儿园，各园教师还可以参观接待园的环境。

（三）拟开展的工作

（1）2015 年 2—7 月，合作幼儿园各班教师基于第二次阶段性总结调整方案并进行行动研究，再次验证目标体系。

（2）根据《3～6 岁儿童学习与发展指南》完善幼儿发展评价指标框架的建构并验证。

（3）完善课程的整体架构：目标体系、课程内容、组织与实施、课程评价等。

（4）进行课题总结，汇编课题成果。

（四）存在问题及相应调整

开题报告会上，专家认为"（1）在不到两年的时间内完成一项课程构建与评价的工作，任务紧，压力大。为保证课题质量，建议适当收缩课题研究范围，浓缩课题焦点，在浓缩焦点的基础上调整研究的思路和方法，确保高质量完成课题任务。（2）目标体系的构建也是非常专业、有难度的，建议此课题研究的难点放在目标体系的建设上，结合《3～6岁儿童学习与发展指南》来拟定，确保课程与国家的相关要求相一致"。根据专家建议，结合课题组主要成员的专业方向与经验，为保证课题研究质量，课题组决定小幅度调整研究内容，将研究焦点集中在课程方案的建设上，将原定的"课程评价指标体系的建设"改为"根据《3～6岁儿童学习与发展指南》建构幼儿发展评价指标框架及方法的研究"。

根据专家建议，为高质量完成该课题研究，课题组扩大了合作面，增加了课题研究成员。增加的成员主要包括广州市天河区教师进修学校幼儿教育高级讲师尤登星、华南师范大学附属幼儿园业务副园长、中学高级教师吴冬梅、暨南大学附属幼儿园业务副园长、幼儿园高级教师王艳艳，广州市天河区新陶幼儿园业务主管周飞艳等。同时合作单位广州市天河实验幼儿园原定参与课题研究的成员黄××、周××、方××等教师因岗位调整或辞职，不能胜任课题研究工作，从课题组退出。

（五）经费使用情况

已在开题报告会时使用了专家咨询费1 000元，其他经费暂时还未使用。

按照目前研究工作的进度，课题能如期结题。

二、1～2项代表性成果简介（基本内容、学术价值、社会影响等）

课题开展了一年，合作幼儿园在课题核心组成员的指导下设计并验证了200多个活动方案。现有24个活动方案（含具有评价功能的分析部分）被广东高等教育出版社即将出版的《说课新说》（已于2015年正式出版）一书收录。这些方案均是广义的基于自然的生态化园本课程的实施方案，既有各年龄段的学科教学、区域活动、主题系列活动等不同形式的显性课程，也包括园舍环境、班级环境、公共环境、家长组织的社区活动等隐性课程，还包括级组、园区等组织的大型混龄亲子活动；活动选材更是涉猎广泛，既有以自然资源或自然现象为载体的，也包括传统文化教育，还包括以幼儿生活本身为目标和内容的活动。形式多样、内容丰富的活动方案均遵从"儿童的自然天性"，使幼儿在轻松、自然的状态下健康成长。这些方案要求教师对活动的设计意图、目标的重难点、活动准备、活动过程、活动延伸等进行逐一、细致的分析，并要求最后进行总体评价，突出了本课程以教师为主体的评价理念。这种具体而微的分析方法能帮助教师建立自我评价的意识和习惯，提高自我评价的专业能力。在行文格式上，课题主持人创造性地梳理出统一、可操作的表述方式，使全文条理清晰，内容一目了然。

现有课题组成员撰写的与课题有关的2篇论文已公开发表。其中《高校附属幼儿

续上表

园社区资源开发的实践研究》一文在中国学前教育研究会学前社会教育专业委员会组织的"2014 年全国学前儿童社会与家庭教育学术研讨会"上评为一等奖，并在大会分论坛中进行报告与经验介绍。

在课题进行的这一年中，合作幼儿园由 1 所变为 15 所。目前，在没有进行任何宣传与发动的情况下，依然有幼儿园主动申请参加研究。课题在业内产生了较好的社会影响。

详见阶段性成果集，内含课程实施方案、教育活动方案及已发表的相关论文。

科研管理部门审核意见

科研管理部门（签章）

年　　　月　　　日

第四章　验收结题

一、工作总结

　　课题研究的最后一个阶段是总结阶段。这一阶段主要的工作是全面整理与分析研究资料、提炼成果，撰写工作报告和研究报告，并对照课题设计和研究计划，检查是否完成研究任务、达成研究目标。

　　总结工作的效果直接影响结题。总结阶段的时间一般不会太长，但任务多，要求高。为了高质量地完成总结工作，需要通过会议、调查、观察、收集典型案例等形式，对研究中获得的经验和发现的规律进行深入研讨，评估课题研究的实效；还需要成立结题工作组，做好分工，完成报告撰写和成果整理的任务。

　　研究报告是项目研究的重要成果。研究报告也称为科研报告，具有学术价值。研究报告的主要内容经过整理往往能形成有一定水准的专业论文。高水平的研究报告可以部分弥补幼儿园课题研究成果理论性不强的缺陷。因此，在总结阶段，研究报告的撰写成为重中之重。一般而言，研究报告的执笔者是课题组中科研能力强、写作水平高的骨干成员。在必要的情况下，可以成立一个 3~5 人的写作小组，由课题主持人和课题组中的骨干成员组成。

　　工作报告是对研究开展情况的全面总结。工作报告与研究报告的内容、结构、作用不同。并非所有项目管理机构都要求必须提供工作报告，但撰写工作报告有利于对研究工作进行全面回顾，也能从中梳理出有价值的经验。比如研究工作的组织经验，往往是在工作报告的梳理过程中显现出来的。因此，建议课题组在研究的总结阶段提供一份完善的工作报告。

结题报告是工作报告和研究报告的综合体。结题报告的主要内容与研究报告相同，但又增加了工作报告中部分重要的内容，如对研究过程的介绍。在结题报告会上，主持人进行的是结题报告，而不是研究报告或工作报告。有的机构或学者认为结题报告等同于研究报告，有的又认为结题报告与工作报告大致相当。无论根据哪种诠释，研究报告都是结题时必须提交的。

实例链接

"基于自然的生态化园本课程构建的研究"项目在总结阶段成立了一个工作小组，用了2个月时间完成各项工作。课题主持人根据管理部门的文件要求，拟定了提交鉴定的材料目录，做好材料整理的分工，并独立完成了工作报告、研究报告、成果鉴定申报表、成果公报的撰写以及幼儿发展评价手册的修订。小组成员中，有的负责园本课程文案的梳理，有的负责实验园课程方案的选编，有的负责教育故事的编辑，有的收集研究过程中已有的成果，有的负责所有材料的排版和印刷。最终呈现的成果颇为丰富且有一定的质量保障。

由于课题主持人是专职的教研员，时间较为充沛，科研经验相对丰富，因此在课题研究全程都担任着主要的工作，课题总结期间尤其如此，重要的文稿都是主持人自己撰写的。这在幼儿园的课题研究中可能难以做到。但笔者认为，课题主持人始终都是课题研究的灵魂人物，要亲自承担一些重要的工作，不能在其位而不谋其政；否则，就不必担其名。

课题总结阶段，主持人认为是自己收获巨大的两个月。在细细梳理各种材料、撰写各种文稿的过程中，主持人对该项课题研究有了前所未有的深刻的认识。比如对核心概念的界定是在总结中结合研究的过程性资料，才最终清晰起来，并由此形成了课程构建的策略。可见，总结的过程本身就是研究，是逻辑分析、理性思考与提炼、提升的过程。

因此，课题组要重视总结工作，尽量安排充足的时间认真总结，避免为结题而进行浮光掠影式的浅表性总结。

二、结题报告

研究成果须接受专业鉴定。研究成果只有经过权威鉴定和认可，才能应用、推广。一般情况下，科研管理机构规定只有研究成果通过鉴定，课题方可予以验收结项。课题组在总结整理出研究成果后，应对照课题设计的预期进行自查，如已达到成果的设定要求，就可以进行成果鉴定。

成果鉴定分为通信鉴定和会议鉴定两种。一般是聘请 3～5 名同行专家独立或集中鉴定。成果鉴定专家应具有副高级以上专业职称，且在与课题相关的领域有一定研究。课题组成员、项目顾问不能担任成果鉴定专家。

幼儿园课题研究成果的鉴定多数以会议方式进行。会议鉴定使专家与课题组的沟通更为直接、便利，鉴定更为真实有效。而且，结题会议依然可以成为课题组和专家进行深度研讨的现场，为后期成果应用、推广做好铺垫。会议鉴定往往以结题报告会的形式呈现。结题报告会的主要程序有专家查阅结题资料、主持人进行结题报告、专家质询、课题组主要成员答辩、专家提出指导性意见、专家组合议、专家组代表宣读鉴定意见。专家组需选定组长组织鉴定环节的现场工作。会议还要选派一名秘书，负责记录专家意见并在专家组合议时提供给组长，以便专家组修订成完整的书面鉴定意见。为了提高现场鉴定效率，课题主持人可将主要的成果材料以电子邮件的形式发送给专家提前审阅，主持人的结题报告尽量控制在半小时以内。如果课题研究自我评价很好，课题组认为成果对同行有帮助，也可以邀请同行参加结题报告会。报告会还可增加现场观摩的环节，使成果展示更加直观、具体。

以通信方式进行的鉴定工作一般由项目管理机构组织。课题组将资料提交给项目管理机构后，管理机构的工作人员将最终成果和项目通信鉴定表寄送给 5 位同行专家。专家依据机构要求进行定性评估和定量打分。鉴定的时间，专著类成果一般不超过 2 个月，研究（咨询）报告、论文类成果一般不超过 1 个月。鉴定组织者根据鉴定专家的意见，按少数服从多数的原则，确定是否通过鉴定。

只有最终成果鉴定通过后，科研管理部门才会颁发结项证书。对于鉴定未获通过的，多数管理机构允许课题组在一年内对成果进行补充、修改、完善，并重新申请鉴定；重新鉴定仍不能通过者，按撤项处理。

幼儿园自行开展的课题研究，也须邀请专家对成果进行专业鉴定。只有通过鉴定的成果，才能放心大胆地应用，才能被业内认可、同行接纳，才具有推广的价值与可能。

实例链接

"基于自然的生态化园本课程构建的研究"于 2016 年 4 月 29 日在课题实验园华南师范大学附属幼儿园进行了会议结题，邀请了 5 位业内专家进行成果鉴定。从会议邀请函和议程安排可以看出，本次结题会同时具有成果展示的意义。但课题组也在邀请函中告诉大家：本次结题与成果展示会并不是课题研究的终点，而是一段新的结伴而行的道路之起点；研究没有终结，还将继续；结题会不是为了炫耀与宣扬，而是一场研讨、一次邀约。事实上，课题主持人在此后的两年内，依然不断深入探讨，进一步完善成果，推广成果的应用。

会务组精心策划、充分准备，设计了邀请函，编制了会议手册。会议安排了结题报告、经验介绍、软件发布、现场特色课程和环境展示等环节，内容丰富、节奏紧凑。因此，当邀请函在各QQ群转发后，两天之内，报名人数就已超出会场限额。应该说，这是一次成功的结题报告会。

实例 工作报告

工 作 报 告

一、概述

2012年12月，课题组向广东省教育科学规划领导小组办公室申报了广东省教育科学规划"十二五"一般课题。2013年11月，该课题申请通过，得以立项。

2014年1月，在广东省教育研究院科研办的主持下，课题主持人进行了开题报告。报告会邀请了华南师范大学教育科学学院课程理论研究学者、广东省教育研究院教材教法研究人员、广州市教育研究院教研员等担任指导专家。专家们在认真听取主持人的开题报告并进行深入交流的基础上，提出了两条建议：

（1）在不到两年的时间内完成一项课程构建与评价的工作，任务紧，压力大。为保证课题质量，建议适当收缩课题研究范围，浓缩课题焦点，在浓缩焦点的基础上调整研究的思路和方法，确保高质量完成课题任务。

（2）目标体系的构建也是非常专业、有难度的，建议此课题研究的难点放在目标体系的建设上，结合《3~6岁儿童学习与发展指南》来拟定，确保课程与国家的相关要求相一致。

课题组成员在主持人的带领下，按照申报书的工作计划，成立了课题工作小组，拟订出工作计划，明确了成员分工，有条不紊地开展了为期2年的研究工作。

二、研究的基本过程

（一）第一阶段：准备（2013年12月—2014年2月）

1. 进行了开题报告，按照专家意见对课题研究内容进行了调整，扩大了合作范围。

2. 完成了对广州市天河实验幼儿园的问卷调查（包括家长问卷和教师问卷）。

3. 建立了"自然课程研究"QQ群，搭建起远程交流平台，开展随机或有主题的网络教研，并分享大量专业资料。

4. 建立了有操作性的课题研究制度，组建了课题研究的核心组和中心组。

（二）第二阶段：启动（2014年2—3月）

1. 分四场对合作幼儿园的保教人员、各园项目负责人进行开题培训。

2. 课题核心组成员构建了生态化园本课程的目标体系和课程实施方案。

3. 合作幼儿园业务主管撰写了适合本课题研究的幼儿园工作计划、拟订了各园课题研究的实施方案。

（三）第三阶段：实施（2014年2月—2015年2月）

1. 2014年2—7月，合作幼儿园各班教师根据目标体系设计、组织活动，并做好活动的记录及反思。

2. 2014年7—8月，核心组成员对活动记录及反思进行分析，进行了第一次阶段性总结并调整目标与方案。

3. 2014年9月—2015年1月，合作幼儿园各班教师基于第一次阶段性总结调整的方案，进行行动研究、试用修订后的目标指标和课程方案。

4. 2015年1—2月，核心组进行了第二次阶段总结、调整方案，完善目标体系。

5. 根据《3~6岁儿童学习与发展指南》构建幼儿成长档案框架，拟定幼儿发展评价手册并试用、修订。

（四）第四阶段：总结（2015年7月—2016年1月）

1. 完善课程的整体架构，包括目标体系、课程内容、组织与实施、课程评价等，形成完整的课程文案。

2. 分析整理各类资料，提升、总结各阶段研究成果，形成活动方案集、教学笔记与经验集、合作园的园本课程文集。

3. 提炼利用自然资源建设园本课程的策略，撰写论文。

（五）第五阶段：结题（2016年2—4月）

1. 完成本课题研究报告，准备其他结题材料，申请结题鉴定。

2. 组织现场结题，并进行课题研究成果汇报与经验交流会。

三、研究过程中的主要活动

加强学习与教研，帮助合作幼儿园正确领会课程的基本理念，设计、实施、验证课程方案。

（一）外出参观、考察

2014—2015年，课题主持人带领合作幼儿园的园长、骨干教师先后到深圳市梅林一村幼儿园、深圳市罗湖区实验嘉宝田幼儿园、广州市越秀区泰康路幼儿园、东莞市光大爱弥儿幼儿园、东莞市南城区尚城幼儿园、广州市开发区第二幼儿园、广州市萝岗区华源幼儿园、广东省育才第一幼儿院、广州市第二幼儿园、佛山市机关幼儿园、佛山市禅城区惠景幼儿园等专业化程度较高、特色鲜明的当地知名幼儿园参观、交流、现场研讨等，开阔课题组成员的视野与思路。

（二）组内现场教研

课题组先后在多所幼儿园根据该园的园情和特色课程进行了现场研讨与观摩。如在广州市天河实验幼儿园进行了同龄混班的区域活动和公园活动的观摩与研讨，在清远市新北江幼儿园进行区域活动和半日生活的组织等教研，在清远市清城区石角镇培英幼儿园进行环境创设与区域活动的现场教研，在广州市天河区新陶幼儿园进行了大混龄区域活动的教研，在广州市花都区梯面中心幼儿园进行了乡土资源课程建设的讨论，在暨南大学附属幼儿园和新陶幼儿园进行了该园相关课题的开题与结题观摩活动，在广州市第二幼儿园进行生态环境的观摩与经验汇报等。现场教研活动能够针对具体问题与需求进行深入的交流、对话，使教师获得直接的指导，对课程的理解从观念落实到行为上。课题主持人还多次到广州市天河区新陶幼儿园指导混龄教育的开展，帮助该园建设以自然材料为主要载体的共享区域活动课程。

（三）网络远程交流与教研

课题主持人建立的QQ群，利用网络平台开启远程教研，解决了课题组成员来自不同单位、集中现场研讨有困难的问题，使教研工作随时都可以进行。在这个群里，参与者分享了大量的专业信息，也提出了研究与实践中的困惑。每一个问题，都激发起大家的思考、讨论，促使课题研究迈向深入、细致。网络教研话题多，信息新，资料丰富，讨论热烈，教研氛围浓厚。各园及时上传开展园本课程活动的图文资料，组内成员相互获得启发与灵感，尝试进行更具有创意的、符合课程基本理念与精神的活动。如广州市天河实验幼儿园在天台种菜，将天河公园的废弃植物资源搬进幼儿园，对台风吹倒的大树进行研究；暨南大学附属幼儿园在荷花缸里种植水稻，在班级内开展针织活动；广州市天河区东方熹园幼儿园开展社区石头彩绘活动；华南师范大学附属幼儿园充分利用大学校园的资源拓展丰富的课程；广州市第二幼儿园和佛山市禅城区冠华中英文幼儿园在园内开展微耕活动；广州市花都区梯面镇中心幼儿园开展班级种植主题活动；广州市天河区新陶幼儿园进行以自然材料为载体的区域创设；广州市白云区江高镇幼儿园和清远市清城区石角镇幼儿园组织幼儿到田野学习；广州市白云区依云小镇幼儿园利用自然环境下的水进行主题探究；广州市番禺区星河湾灵格风幼儿园利用园内及小区自然环境资源，开展拜访大树、石头探秘、亲亲自然、丰收的季节等主题游戏。这些信息以图文并茂的形式及时通过网络上传到 QQ 群里，相互启发，推进了研究的深入开展。

（四）开学前集中培训

在 2014 年、2015 年的寒暑假，课题组利用开学前的时间，组织了 10 场相关业务的培训，参与培训的教师达千人之多。培训内容包括课题介绍、幼儿园教学活动的设计与准备、绘本阅读的指导方法、幼儿园自制玩教具的制作标准与方法、课程方案解读、家园合作的策略等。这些具有实操性的培训安排在不同的合作幼儿园，使参训教师同时还可以参观接待园的环境，现场感受不同幼儿园在自然生态课程建设方面的不同做法与成效。

四、研究变更情况

1. 根据专家建议，结合课题组主要成员的专业方向与经验，为保证课题研究质量，课题组决定对研究内容进行小幅度调整，将研究焦点集中在课程方案的建设上，将原定的"课程评价指标体系的建设"改为"建构幼儿发展评价及课程评价的主要方法"。

2. 根据专家口头建议，为高质量地完成该课题研究，课题组扩大了合作面，增加了课题研究成员。增加的成员主要包括广州市天河区教师进修学校幼儿教育高级讲师尤登星，华南师范大学附属幼儿园业务副园长、中学高级教师吴冬梅及该园保教主任韩凤梅，暨南大学附属幼儿园业务副园长、幼儿园高级教师王艳艳，广州市天河区新陶幼儿园业务主管周飞艳等。同时，合作单位广州市天河实验幼儿园原定参与课题研究的成员黄××、方××、周××等教师因辞职不能胜任课题研究工作，从课题组退出。

3. 研究成果在原定的论文、研究报告、活动方案集的基础上增加了 2 套合作幼儿园的园本课程文集、1 本课程目标与评价文集、1 本教育故事集、1 套幼儿成长档案袋软件。

同时，因成果内容增加等多方面原因，结题时间稍有延后。

五、成果情况

课题组构建了较为完整的"基于自然的生态化课程"（简称"自然生态课程"）。合作幼儿园建设了较为系统的具有鲜明特色的园本课程，总结了园本课程构建的基本策略。

1. 形成研究报告《基于自然的生态化园本课程构建与评价的研究》。

2. 整理编印了《自然生态课程目标与评价体系》。

3. 整理编印了《自然生态课程方案选编》。

4. 整理编印了《秘密花园——自然的生态教育故事》。

5. 整理编印了《广州市天河实验幼儿园园本课程》。

6. 整理编印了《广州市天河区新陶幼儿园园本课程》。

7. 发表了论文 9 篇、活动方案 23 篇。（详见下面的表格）

8. 设计了名为"宁馨儿成长记"的网络版幼儿成长档案袋。

其中《高校附属幼儿园社区资源开发的实践研究》一文在中国学前教育研究会学前社会教育专业委员会组织的"2014 年全国学前儿童社会与家庭教育学术研讨会"上评为一等奖，并在大会分论坛中进行报告与经验介绍。该文在《幼儿教育》发表后，被中国人民大学《复印报刊资料》的《幼儿教育导读》全文转载。

序号	成果名称	作者	成果形式	字数	出版或发表日期	出版单位或发表刊物名称、刊号
1	融民间游戏于幼儿园教学之中的价值与策略	尤登星	论文	5 205	2014 年 4 月	《青少年体育》CN 10 - 1081/G8、ISSN 2095 - 4581

序号	成果名称	作者	成果形式	字数	出版或发表日期	出版单位或发表刊物名称、刊号
2	如何在幼儿园开展中国传统文化教育	刘景容	论文	5 200	2014 年 5 月	《教育导刊》（下半月）ISSN 1005 - 3476、CN 44 - 1371/G4
3	高校附属幼儿园社区资源开发的实践研究	韩凤梅	论文	5 770	2014 年 5 月	《幼儿教育》（教育科学）ISSN 1004 - 4604、CN 33 - 1042/G4；被中国人民大学《复印报刊资料》的《幼儿教育导读》全文转载
4	依托自然资源开展有效教学活动	周文莉	论文	2 100	2014 年 11 月	《教育导刊》（下半月）ISSN 1005 - 3476、CN 44 - 1371/G4
5	基于混龄视角的传统游戏的实践探索	周飞艳	论文	4 700	2015 年第 36 期	《读写算》ISSN 1002 - 7661、CN 42 - 10781/G4
6	学前儿童家长亲职教育探析	尤登星	论文	4 700	2015 年 2 月	《教研文化》ISSN 1673 - 8160、CN 50 - 1185/F
7	社区公园教育资源的有效利用	潘卓	论文	4 150	2015 年 3 月	《早期教育》ISSN 1005 - 6017、CN 44 - 1371/G4
8	基于自然的生态化园本课程构建	尤登星、刘景容	论文	3 600	2015 年 4 月	《广东教育》ISSN 1005 - 1422、CN 32 - 1099/G4
9	幼儿园课程目标的构建——以自然生态课程为例	庞春敏	论文	5 100	2016 年 3 月	《广东教育》ISSN 1005 - 1422、CN 32 - 1099/G4

续上表

序号	成果名称	作者	成果形式	字数	出版或发表日期	出版单位或发表刊物名称、刊号
10	"登山步步高"等23篇课程方案与活动分析	刘景容、韩凤梅、潘卓等	说课教案	69 600	2015 年 1 月	《说课新说》（广东高等教育出版社）
11	网络版幼儿成长档案袋"宁馨儿成长记"	刘景容、刘淼	软件		2015 年 3 月	广州宁馨信息科技有限公司

六、经费使用情况

广东省教育厅于 2014 年下拨课题经费 1 万元。按照预算使用：课题组赴深圳调研、2 次赴清远教研与培训差旅费共 6 664 元；开题与结题专家咨询费 2 000 元；成果打印费 1 336 元。合计 10 000 元。

七、主要成绩与效益

1. 建设了一套系统的特色课程，积累、总结了园本课程构建经验，为幼儿园建设园本课程提供了范例。在课题研究过程中，广州市天河实验幼儿园和广州市新陶幼儿园建构了较为完整的园本课程。课题开展期间，合作幼儿园在课题核心组成员的指导下设计并验证了 300 多个活动方案。现有 23 个活动方案（含具有评价功能的分析部分）被广东高等教育出版社出版的《说课新说》一书收录。该书出版后，多次在广东省学前教育研讨会的现场销售一空。目前该书在当当网销售。

2. 在城市幼儿园中寻找与农村幼儿园相似的课程资源与组织形式，初步积累了可供农村幼儿园借鉴运用的经验，为城市幼儿园与农村幼儿园的对话和交流提供新方法、新思路。课题组为合作幼儿园结对子，如广州市天河实验幼儿园与清远市新北江幼儿园、广州市白云区江高镇幼儿园与花都区梯面中心幼儿园、华南师范大学附属幼儿园与清远市清城区石角镇培英幼儿园。这些城区的省一级幼儿园和农村幼儿园之间结对进行课题相关研究，如新北江幼儿园借鉴天河实验幼儿园的课程理念和思路，开发北江沿江公园的资源，丰富了课程内容和形式；石角镇培英幼儿园在课题的带领下，利用大量唾手可得的乡土资源布置环境或投放为幼儿活动区的操作材料。

3. 课题实验幼儿园教师在观念与行为上发生了明显变化，对实验园教育质量的提升形成一定的积极影响。通过课题培训以及行动研究，参与课题研究的教师在教育观、儿童观、课程观甚至自然观等基本观念上发生了变化，他们普遍接受了"自然生态课程"的理念，形成具有开放性特点的大教育观，在理解如何尊重儿童天性的基础上设计符合自然、生态要求的课程并努力实践，教育能力也有所提高，课程实施效果较为突出。

4. 参与课题研究的人群，包括教师、家长、幼儿以及幼儿园所在社区，通过课程的实施，普遍建立了较为正确的环境意识，形成了尊重自然、与自然和谐相处的态度，也产生了相应的行为，将可持续发展落到了实处。

5. 通过研究，实验幼儿园在课程的带动下，形成了鲜明的办园特色。如广州市天河实验幼儿园在课题组的指导下，将10余年的零散的以天河公园为主要资源的项目，整理、提升为系统的园本课程，形成了教育特色；广州市天河区新陶幼儿园在课题引领下，建立了以自然资源为载体的共享区域活动课程，为混龄教育的办学模式画上了圆满的一笔，成为真正意义上的混龄教育特色幼儿园。

在进行课题研究的这几年中，合作幼儿园由1所变为15所，包括广州市天河实验幼儿园、华南师范大学附属幼儿园、暨南大学附属幼儿园、华南农业大学附属幼儿园、广州市天河区东方熹园幼儿园、广州市第二幼儿园、广州市花都区梯面镇中心幼儿园、广州市天河区新陶幼儿园、广州市白云区江高镇幼儿园、广州市白云区明德幼儿园、清远市清城区石角镇幼儿园、清远市清城区新北江幼儿园、广州市白云区依云小镇幼儿园、佛山市禅城区冠华中英文幼儿园、广州市番禺区星河湾灵格风幼儿园。

几年来，课题负责人和核心成员分别在广州、佛山、清远等地进行了10多场与课题相关的业务培训，接受培训的人数达1 000多人。目前，在没有进行宣传与发动的情况下，依然有幼儿园主动申请参加研究。课题成果在业内产生了较好的影响。

八、研究工作中主要存在的问题

1. 项目研究的实验园范围广，经费少，开展工作有一定困难。比如到深圳、东莞、广州等地参观学习，由各园自行解决经费问题。

2. 实验园科研和课程建设基础薄弱，对课题组依赖性强，主动性较为欠缺，执行力度不够，难以在课程总方案的基础上修订成园本课程。

实例 研究报告

研 究 报 告

一、问题的提出

生态系统是生物和环境相互关联、相互影响的动态平衡系统。生态系统内部各部分紧密结合，直接或间接发生联系和作用。文化领域和自然生态系统一样，都是相互联系和共享共生的生态化存在。教育是文化系统传播的重要方式，课程是载体，为防止文化传播的人为割裂，课程必须走向新生——生态化课程。

生态化课程的一个重要特点就是开放性：首先，把课程范围扩大到自然领域、社会环境领域、文化领域和社会个体（特别是教师、幼儿、家长、社区人士），注重把自然、社会、文化和师生个体作为课程的重要来源，这就意味着课程向自然开放、向生活开放、向文化开放、向幼儿与教师的个体经验开放等。其次，生态化课程体现的是关注幼儿自然的、生命本质的和谐与终身发展这一价值观，这就决定了生态化课程必须向所有的幼儿个体开放，关注到每个自然生命个体的差异性。同时，生态化课程还要向幼儿的终身发展开放，体现促进幼儿个体的可持续发展和终身发展的思想。

近年来，国家和广东省的相关文件、政策都提出幼儿园教育要因地制宜，充分利用本地资源，构建具有园本特色的课程。与此同时，在教育回归自然的时代背景下，各种生态幼儿园相继出现，如何构建生态化园本课程显得尤为迫切。但现实中，大多数幼儿园的课程存在顶层设计空缺、要素割裂、系统封闭、重视课程内容与组织形式而忽视目标体系与评价体系建设等问题，不能达成"促进幼儿身心全面和谐发展"的保教目标。

课题主持人曾在广东省一级幼儿园广州市天河实验幼儿园担任园长至2012 年 9 月。自 2005 年开始，秉持生态化课程理念，利用幼儿园毗邻天河公园的得天独厚的自然环境优势，主张让幼儿在自然环境中以自然状态主动学习，带领教师充分利用天河公园多样化的自然资源，积极实践"大自然、大社会都是课堂，生活就是教育"的活教育课程论，以主题探究活动为课程的主要组织形式，在开展园本课程建设的实践过程中不断优化方案，呈现出一定的特色，初步构建了基于自然的生态化园本课程雏形。

但园本课程建设依然存在诸多具体问题：基于自然的园本课程体系如何

架构？顶层设计如核心概念、儿童观、课程观应如何界定才能满足幼儿全面和谐发展所需？该类型园本课程的目标体系如何建设？课程如何有效组织与实施？课程评价以什么形式、从哪些维度开展才是可行的、有价值的？园本课程建设有哪些基本策略？

二、课题研究的目标、主要内容和研究方法

（一）研究目标

通过研究，提炼出以尊重儿童自然天性为前提、以自然存在于儿童生活中的各种环境为主要资源构建生态化园本课程的策略，丰富相关专业理论，积累相应的实践经验，对园本课程建设起到"他山之石"的作用，并对其他幼儿园建设生态化的园本课程提供借鉴。

（二）主要内容

1. 调查收集合作单位广州市天河实验幼儿园教师和家长对于幼儿园在天河公园开展教育活动的认识，以及在实践中的困惑与疑难问题，为生态化园本课程的研究提供实践论证。

2. 根据《3～6岁儿童学习与发展指南》（以下简称《指南》）构建适宜的课程目标体系。

3. 各实验幼儿园利用社区环境条件开发适合幼儿发展的生态化园本课程资源。

4. 收集、整理、设计相应的教育活动方案，并进行论证性实践研究。

5. 建构幼儿发展评价和课程评价的主要方法与评价指标。

6. 探讨生态化园本课程的建设与实施策略。

（三）研究方法

本研究采用行动研究的理念和方法，按照"关注活动、寻找问题→理性思考、寻求方法→实践验证、解决问题→总结反思、再生问题"的流程，以课题研究为载体，建立课题组成员之间的合作平台。具体采用的研究方法主要有以下几种：

1. 文献法：文献法贯穿整个研究过程，在遇到专业问题时，根据关键词在中国期刊网、Google 学术搜索等网站收集、整理相关资料，获取相关专业信息。如在课题研究的初期，以"自然""生态""生态教育""园本课程""生态化园本课程"等为关键词通过网络搜索等方式收集、处理相关信息，明确本研究中关键词的概念。查阅了 40 余本专业图书，分析已有的相关研究的成果

和现状，确定本研究的可行性，为本研究的设计、构思奠定基础。

2. 观察法：在教师组织幼儿进行相关教育活动的过程中，进行现场观察，采用计划性和灵活性相结合的方式，用文字、照片和录像等形式记录生态化园本课程的开展与幼儿发展现状。

3. 案例研究：选择典型的、具代表性的案例（课例），探讨生态化园本课程开展的成功因素。

4. 教育叙事研究：课题组教师用叙事的形式叙述活动的设计意图、活动过程、活动效果、活动的生成等。

5. 问卷法：通过自编调查问卷，调查家长对课程的认识状况、教师在实践中的主要问题等。

6. 访谈法：教师利用家长开放日、家长会、家长助教等形式与家长交流生态化园本课程的开展情况，更深层次地了解家长对课程的态度、认识，以及对合作方法的意见等。

三、研究成果及分析

本研究致力于构建一套基于自然的生态化园本课程，为幼儿的成长提供自然、生态的环境，并通过整合利用这些资源开展课程实践，最终达到促进幼儿富有个性、身心全面和谐发展的价值追求。

课题组以"儿童是自然之子"为原点，适度拓展"自然""生态""生态化园本课程"等核心概念，以"让儿童走进自然，在自然状态下身心和谐成长"为理念，构建游戏化、自然化、生活化，适合幼儿发展的生态型课程。成果内容涵盖课程目标体系建设、课程资源和内容的延展、课程组织形式的多样化、课程评价形式与平台的研发与实践，并从中提炼出园本课程建设的基本策略。成果还包括部分幼儿园在主持人的指导下，相继构建出了基本理念一致，但具体组织形式与内容各异的基于自然的生态化园本课程，并在课程的带动下形成了鲜明的办园特色。

（一）厘清并拓展了核心概念

研究对"自然""生态""生态化园本课程"等核心概念进行了具有延伸性的诠释，仅通过几个关键词的解释就勾画出了课程的全貌和顶层设计，涵盖了课程建设的基本要素。

1. 核心概念之一：自然。

"自然"的内涵有三个方面的意思：首先指的是自然环境；其次引申到

儿童天然的、不受拘束的个性；最后是基于这种天性的非勉强的、不呆板的教育方法、学习方法。意即我们为幼儿提供尽量自然的环境，让幼儿在自然的状态下主动学习、发展，让儿童充分发挥自己天然的个性，健康而有灵性地成长。

基于自然的生态化园本课程建设充分尊重"自然"。"让儿童走进自然，在自然状态下身心和谐发展"的生态化园本课程具体包含五个层面的含义：

（1）自然环境、传统文化、儿童生活本身等资源是活教材，是课程的主要来源，这是构建生态化园本课程之基础。

（2）顺应幼儿学习天性，以其自然本性进行教育，这是贯彻生态化园本课程之主轴。

（3）幼儿园学习的环境是自然的，让幼儿在自然的学习环境体验和探索，这是实施生态化园本课程的主要方式。

（4）"教"与"学"的方式是自然的，坚持预设与生成相结合，注重活动中幼儿的兴趣，让幼儿在自然而然的状态下主动学习，身心和谐发展，这是构建生态化园本课程的原则。

（5）培养完整的、有灵性的儿童是课程的核心价值追求。

2. 核心概念之二：生态。

"生态"一词最初见于生态学，是指一定地域（或空间）内生存的所有动植物之间、动植物与其所处环境之间的环环相扣的关系。它强调系统中各因子之间的相互联系、相互作用以及功能上的统一，含有系统、整体、联系、和谐、共生和动态平衡之意。现在"生态"一词涉及的范畴越来越广，人们常常用"生态"来定义许多美好的事物，如健康的、美的、和谐的事物均可冠以"生态"修饰。把生态的概念嫁接到教育领域，即指在教育中，模仿自然的生态系统，使各教育要素、各领域之间建立一种互生、互补、交叉融合、持续发展的生态关系，达到最佳组合，形成一种高级的生态智慧，这是对传统封闭式教学的挑战。

以生态化的理念构建园本课程，生态意味着自然、朴素、美好、健康、和谐，更体现在以尊重儿童自然天性为前提营造的最适宜儿童成长的生态化环境，包括自然生态、社会生态、学习生态、教育生态等。

3. 核心概念之三：生态化园本课程。

园本即以园为本，以本园为本。园本课程立足于本园实际，体现本园特色，符合本园的社会文化背景，由本园教师进行，以促进本园孩子的发展为目标，解决本园教育教学中的实际问题。它包括课程目标、课程内容、组织形式、课程评价等，并非只是若干个教学活动的简单组合。幼儿园课程涉及幼儿在园生活的方方面面，如集体教学活动、游戏活动、生活活动、社区活动，甚至家庭活动、幼儿园环境等。

本研究中的生态化园本课程，从本质意义上说，就是强调自然、社会和人在课程体系中的有机统一，使自然、社会和人成为课程的基本来源。它的基本观点是：自然即课程，生活即课程，自我即课程。另外，它的课程内容是动态生成的。有关课程内容的拟定是一个预设系统，而不是既定系统。师生不仅是课程的实施者，而且还是课程的开发者、设计者。

本研究强调以生态的视角、态度、原理和方法来关照、思考、理解、解释复杂的课程问题，并尝试以生态的方式建构健康、和谐、适宜的课程。即课程是以幼儿生活中自然存在的资源为载体，教师、幼儿、社区、家庭共同参与，运用生态学理论与方法设计并对其进程进行生态规划的园本课程。

综上所述，基于自然的生态化园本课程是指幼儿园为实现幼儿在自然生态、社会生态和心理生态等方面和谐统一所采取的活动及活动方式的总和。本研究中的自然生态课程并非作为幼儿园整体课程中的一项子课程，而是将幼儿园整体课程自然化、生态化，进而形成既有特色又能促使幼儿身心全面和谐发展的完整的课程体系。

（二）构建了完整的课程目标体系

本研究依据课程开发的相关原理和研究需要，在教育学、心理学、哲学的指导下，依据政策要求、学科研究成果、课程需求、实践经验等方面拟定了较为完善的目标系统，并以此为例，提炼了幼儿园课程目标构建的基本策略。成果构建了"课程愿景、总体目标、分领域目标及活动目标"等四层课程目标，明确了该类课程不同层次的目标内容，构成了完整的自然生态课程目标体系。

1. 界定目标分层。

为了完整地呈现幼儿园自然生态课程在各个层面的要求，详解幼儿园自然生态课程的价值与追求，课题组构建了不同层次的课程目标，共同构成幼儿园自然生态课程的目标体系，包含以下层次：课程愿景、总体目标、分领域目标及活动目标。其中课程愿景、总体目标和分领域目标表达的是对幼儿园具体课程活动的整体要求，而活动目标则是在以上三个上位目标的指导下根据具体活动拟定的。

2. 明确目标内容。

在构建幼儿园自然生态课程目标层次的基础上，课题组对目标内容进行了详细阐述。

（1）课程愿景。课程愿景意在回答"培养什么样的人"的问题，它阐明了幼儿园自然生态课程有着怎样的价值追求、培养幼儿的何种品质。课题组提出："幼儿园自然生态课程旨在营造健康的、自然的、生态的文化氛围，顺应幼儿自然天性，以自然资源与传统文化为主要载体设计相应课程，使幼儿在轻松、自然的状态下身心健康地成长。在课程的影响下，幼儿健康活泼，崇真尚美，友善自信，关爱自然，敬畏生命，具有环境意识和创造性，并乐于探索。"

（2）总体目标。依据《幼儿园教育指导纲要（试行）》（以下简称《纲要》）中提出的"幼儿园教育的内容是广泛的、启蒙性的"，"各方面的内容都应包含知识技能、情感态度、活动方式方法等多方面的学习"，以及我们对幼儿园自然生态课程的理解和认识，课题组提出了课程总体目标是"幼儿在自然生态、社会生态和心理生态等方面和谐统一。幼儿对自然环境的健康状态有一定的认识，对社会与自然环境的相互关系有一定的感受，能够具有维护自然生态和社会生态的意识和行为习惯，并在理解和践行自然生态和社会生态的过程中形成健康的心理状态，从而实现幼儿自然生态、社会生态和心理生态的和谐统一"。

基于自然的生态化园本课程的目标是建立在《纲要》与《指南》的基础之上的，根据《纲要》与《指南》的要求，结合本课题的特点与幼儿园实际，从"情感与态度""能力""知识与技能"三个维度增加了有针对性的特色内容。

（3）领域目标。领域目标是对课程总目标的细化，是根据不同的领域提出幼儿发展要求。本研究分别在五个领域提出了自然生态课程的特色目标，在《指南》的基础上增加了领域的总体目标和 25 条具体的典型性表现。

（三）延展了课程资源与内容

本研究运用大课程观，将课程资源与内容扩大到幼儿生活中自然存在的一切有利于开展教育的人、事、物，自然、社会、文化和师生个体都是本课程的重要来源。这种基于生态视野的课程资源观更贴近儿童的生活，也更有利于对儿童实施自然而有效的教育。

本研究鼓励参与验证的幼儿园利用各自独特的自然与人文资源组织活动。课题组拟定了较为详细的课程实施方案，选取了一年中一些有价值的传统节日、纪念日作为主线，以主题活动的形式设计了一些方案，作为各幼儿园的参考。课题组所制定的这一课程内容的范例并不是各幼儿园选取其课程内容的唯一标准，也并不是为各园设立课程蓝本。相反，课题组建议各园在其园本实际的基础上进行课程内容的选择。

为指导实验幼儿园在课程内容与资源的选取过程中把握好正确的方向，课题组拟定了因园制宜原则、自然生态原则、兼顾幼儿发展需要和社会要求的原则。

在基本原则的指引下，各实验幼儿园的课程资源观发生了重大改变，课程内容极为丰富，总结出"高校附属幼儿园社区资源开发"和"社区公园教育资源有效利用"的策略、"依托公园资源，有效开展教学活动"及"如何在幼儿园开展中国传统文化教育"的经验。

（四）践行具有开放性、多样化的课程实施形式

在大课程观的前提下，课程的组织形式必然是开放的、多样化的。而课程的组织实施关乎课程目标的达成情况，直接影响着教育质量。因此课题组拟定了课程组织实施的原则，包括幼儿中心原则、目标中心原则、自然中心原则。

课程组织实施的形式包括主题活动、区域活动、混龄活动、生活活动、家园合作、社区活动、环境设置等。

（五）树立科学评价意识、探索有效评价方法

1. 设计反思性活动方案，凸显教师主体。

本课程强调教师的自我评价，即引导教师在活动结束后全面反思。课题组成员设计了"课后说"形式的活动方案。这些方案均是广义的基于自然的生态化园本课程的实施方案，既有各年龄段的学科教学、区域活动、主题系列活动等不同形式的显性课程，也有园舍环境、班级环境、公共环境、家长组织的社区活动等隐性课程，还包括级组、园区等组织的大型混龄亲子活动；活动选材更是涉猎广泛，既有以自然资源或自然现象为载体的，也包括传统文化教育，还包括以幼儿生活本身为目标和内容的活动。这些方案要求教师对活动的设计意图、目标的重难点、活动准备、活动过程、活动延伸等进行逐一、细致的分析，并进行总体评价，突出了本课程以教师为主体的评价理念。这种具体而微的分析方法能帮助教师建立自我评价的意识和习惯，提高自我评价的专业能力。

2. 开发了幼儿发展评价工具与网络平台。

课程的最终指向是促进幼儿的发展，因此本研究除了建立对课程本身的评价方式之外，还根据《指南》，在张元老师主编的《儿童发展评估手册》

（江苏教育出版社出版，2013 年 6 月第 1 版）基础上修改、撰写了一套 69 000 字的幼儿发展评价手册。手册针对《指南》中的典型表现提出了具体可操作的观察与测评建议，并分为家庭版和幼儿园版。家庭版适用于指导家长在开展适宜的亲子活动中，如何正确观察、评价、对待幼儿的发展现状，如何利用科学的观念与方法支持幼儿的可持续发展；幼儿园版本的测评建议适用于在集体环境中客观、高效评价幼儿的发展现状，帮助幼儿在原有水平上得到相应发展。

本研究还借鉴"学习故事"的基本理念，重新构建幼儿成长档案，开展档案袋评价法的研究。本课程的幼儿成长档案以图片、文字、视频、音频等形式记录幼儿在园、在家的典型性表现和重大活动以及有代表性的作品，并记录家庭生活的珍贵瞬间，是分析幼儿成长的重要依据。档案系统结构完整，内容齐全，特色鲜明，按照托班、小班、中班、大班的年龄特点设计了 16 ~ 20 个栏目，同一栏目在不同年龄段的档案中拥有不同的名称，内容上也进行了相应调整。这种设计使整套档案既具有系统性、完整性，又突出了不同年龄段的不同要求。

3. 家长高度参与。

大、中、小班档案中的"幼儿成长报告"，结合《指南》的教育建议，针对每一条具体目标提出的观测建议，使家长在家的日常观察与评价更具操作性。家长认真填报该栏目内容，就可以在客观评价、分析幼儿发展现状的情况下，全面了解幼儿。该栏目还可促进家长深刻领会、贯彻落实《指南》精神，特别是帮助家长树立正确的育儿观念、掌握科学的家庭教育方法，进而达到家园共育，实现家庭与幼儿园的深度合作。

档案中丰富的内容来自幼儿在园和在家的活动记录，因此，该档案的素材由家长和教师共同提供，但编辑工作主要由家长承担。课题组为家长提供了详细的栏目操作指引，解说了每个栏目资料收集与编辑的方法。这一方面减轻了教师的负担，另一方面也体现了家长才是幼儿成长过程中最重要的人，是幼儿成长的主要见证者和记录者。

四、尚待研究与实践的问题

1. "基于自然的生态化园本课程构建"的理论体系需进一步完善，尚需深入研究该课程在多数幼儿园可通用的资源和内容，整理出更为系统、更具可操作性的实施方案，为有意引进该理念设计园本课程的幼儿园提供有力的支持。

2. 成果需进一步宣传、推广，提高行业知名度与影响力，扩大应用范围。

实例 成果鉴定申请表

项目批准号
NO：2012YQJK028

广东省教育科学规划项目
成果鉴定申请表

课 题 名 称　　基于自然的生态化园本课程构建的研究

课 题 主 持 人　　　　　　　刘景容

所 在 单 位　　　　　　广东省教育研究院

广东省教育科学规划领导小组办公室制

填表时间　　2016 年 4 月 29 日

课题名称	基于自然的生态化园本课程构建的研究				
课题主持人	刘景容		工作单位	广东省教育研究院	
联系地址	广州市广卫路××号	邮编	510650	电话	办：020－××××××× 手机：152××××××××
原定研究 起止时间	2013 年 11 月— 2015 年 11 月	原定研究 成果形式		论文、研究报告、活动方案集	
实际完成时间		2015 年 11 月	申请鉴定时间		2016 年 4 月
申请鉴定方式		通讯（　　　）会议（　　√　　）			

主要研究 人员姓名	单　位	职务和职称	课题研究中 所承担的工作
刘景容	广东省教育研究院	教研员、 中学高级教师	全面负责课题研究的设计与组织，指导园本课程构建与实践
庞春敏	广东省教育研究院	教研员、 助理研究员	撰写课程目标与实施方案，撰写论文，修订活动方案
杨慧敏	广东省教育研究院	教研员、 助理研究员	课程建设研究，撰写报告，修订教育笔记与园本课程方案
潘　卓	广州市天河实验幼儿园	园长、 幼儿园高级教师	幼儿园研究工作管理，选编经验总结
彭奇志	广州市天河实验幼儿园	副园长、 幼儿园高教教师	园本课程实践统筹与指导，选编活动方案
陈秀文	广州市天河实验幼儿园	行政助理、 幼儿园高级教师	选编教育随笔
黄立敏	广州市天河实验幼儿园	后勤组长、 幼儿园高级教师	园本课程资料收集、整理、归档
周文莉	广州市天河实验幼儿园	专科教师、 幼儿园高级教师	园本课程资源提供与服务
王丽洁	广州市天河实验幼儿园	教研组长、 幼儿园高级教师	课程建设与实践，结题资料整理与汇编
尤登星	广州市天河区教师 进修学校	高级讲师	园本课程建设研究与指导，撰写论文

续上表

主要研究人员姓名	单　位	职务和职称	课题研究中所承担的工作
吴冬梅	华南师范大学附属幼儿园	园长、小学副高级教师	园本课程特色项目研究与指导
韩凤梅	华南师范大学附属幼儿园	保教主任、幼儿园高级教师	园本课程特色项目研究，撰写论文
周飞艳	广州市天河区新陶幼儿园	管理人员、幼儿园高级教师	生态型混龄教育课程建设与实践，收集与整理园本课程资料
王艳艳	暨南大学附属幼儿园	副园长、幼儿园高级教师	园本课程特色项目研究与实践

重要的阶段性研究成果统计表

成果名称	作者姓名	成果形式	字数	完成年月	出版单位或发表刊物名称、刊号	获奖或转载引用情况
如何在幼儿园开展中国传统文化教育	刘景容	论文	5 200	2014年5月	《教育导刊》（下半月）ISSN 1005 - 3476、CN 44 - 1371/G4	宋庆龄儿童发展中心组织的"文化—艺术与儿童发展"幼教论坛论文 B 级
高校附属幼儿园社区资源开发的实践研究	韩凤梅	论文	5 770	2014年5月	《幼儿教育》（教育科学）ISSN 1004 - 4604、CN 33 - 1042/G4	2014 年全国学前儿童社会与家庭教育学术研讨会一等奖，被中国人民大学《复印报刊资料》全文转载
依托自然资源开展有效教学活动	周文莉	论文	2 100	2014年11月	《教育导刊》（下半月）ISSN 1005 - 3476、CN 44 - 1371/G4	
基于混龄视角的传统游戏的实践探索	周飞艳	论文	4 700	2014年11月	《读写算》（2015 年第 36 期）ISSN 1002 - 7661、CN 42 - 10781/G4	广东教育系学会学前教育专业委员会年会论文二等奖

成果名称	作者姓名	成果形式	字数	完成年月	出版单位或发表刊物名称、刊号	获奖或转载引用情况
社区公园教育资源的有效利用	潘卓	论文	4 150	2015 年 3 月	《早期教育》 ISSN 1005 – 6017、 CN 44 – 1371/G4	
基于自然的生态化园本课程构建	尤登星 刘景容	论文	3 600	2015 年 4 月	《广东教育》 ISSN 1005 – 1422、 CN 32 – 1099/G4	
幼儿园混龄教育活动实施的行动性研究报告	周飞艳	论文	6 000	2015 年 9 月		中国学前教育研究会 2015 年学术年会征文一等奖
幼儿园课程目标的构建——以自然生态课程为例	庞春敏	论文	5 100	2016 年 3 月	《广东教育》 ISSN 1005 – 1422、 CN 32 – 1099/G4	
"登山步步高"等 23 篇课程方案与活动分析	刘景容、吴冬梅等 16 人	说课教案	69 600	2015 年 1 月	《说课新说》（广东高等教育出版社, 2015）	
拟提交鉴定的成果名称、成果的主要内容等（主要内容含预期计划执行情况；研究成果的主要内容、特色、主要建树、创新之处和对策建议等）	**成果名称**：基于自然的生态化园本课程构建的研究（研究报告）及已发表的前述论文、活动方案选编、课程目标与评价、园本课程方案等。 **成果主要内容**：按预期计划完成任务。 （一）拓展了核心概念 1. 自然：即为幼儿提供尽量自然的环境，让幼儿在自然的状态下主动学习、发展，让儿童充分发挥自己天然的个性，健康而有灵性地成长。 2. 生态：以生态化的理念构建园本课程，生态意味着自然、朴素、和谐、美好，更体现在以尊重儿童自然天性为前提营造的最适合儿童成长的生态化环境，包括自然生态、社会生态、学习生态、教育生态等。 3. 生态化园本课程：幼儿园为实现幼儿在自然生态、社会生态和心理生态等方面和谐发展所采取的活动及活动方式的总和，	

续上表

即将幼儿园整体课程自然化、生态化，形成有特色的完整的课程体系。

（二）构建了完整的课程目标体系

1. 界定目标分层。构建不同层次的课程目标，构成自然生态课程目标体系，包含以下层次：课程愿景、总体目标、分领域目标及活动目标。

2. 明确目标内容。

课程愿景：幼儿园自然生态课程旨在营造健康的、自然的、生态的文化氛围，顺应幼儿自然天性，以自然资源与传统文化为主要载体设计相应课程，使幼儿在轻松、自然的状态下身心健康地成长。在课程的影响下，幼儿健康活泼，崇真尚美，友善自信，关爱自然，敬畏生命，具有环境意识和创造性，并乐于探索。

总体目标：幼儿在自然生态、社会生态和心理生态等方面和谐统一。幼儿对自然环境的健康状态有一定的认识，对社会与自然环境的相互关系有一定的了解，能够养成维护自然生态和社会生态的良好行为习惯，并在理解和践行自然生态和社会生态的过程中形成健康的心理状态，从而实现幼儿自然生态、社会生态和心理生态的和谐统一。

领域目标：本课程主要在《指南》的基础上增加了领域的总体目标和25条不同年龄幼儿在不同领域的具体发展目标。

（三）延展了课程资源与内容

运用大课程观，将课程资源与内容扩大到自然领域、社会环境领域、文化领域和社会个体，注重把自然、社会、文化和师生个体作为课程的重要来源。课题组拟订了较为详细的课程实施方案。

（四）践行开放式、多样化的课程组织形式

拟定了课程组织实施的原则：幼儿中心原则、目标中心原则、自然中心原则。课程组织实施的形式包括主题活动、区域活动、混龄活动、生活活动、家园合作、社区活动、环境设置等。

（五）树立科学评价意识、探索有效评价方法

1. 建设幼儿发展评价工具：撰写了一套幼儿发展评价手册，针对《指南》中的典型表现提出具体可操作的观察与测评建议，分为家庭版和幼儿园版；借鉴"学习故事"的基本理念，重新构建幼儿成长档案。

2. 凸显教师主体：设计了"课后说"形式的活动方案，要求教师对活动各环节进行专业的分析和总体评价，凸显以教师为

	主体的评价理念。 　　3．家长高度参与：档案中的"幼儿成长报告"，要求家长观察评价幼儿在家的发展状况，并负责档案的主要编辑工作。 　　现有课题组成员撰写的 7 篇相关论文在全国发行的正式刊物上公开发表。其中《高校附属幼儿园社区资源开发的实践研究》一文在中国学前教育研究会学前社会教育专业委员会组织的"2014 年全国学前儿童社会与家庭教育学术研讨会"上评为一等奖，并在大会分论坛中进行报告。该文在《幼儿教育》发表后，被中国人民大学《复印报刊资料》的《幼儿教育导读》全文转载。
对成果的自我评价和已经了解到的社会反响（须附证明材料）	课题开展期间，合作幼儿园在课题核心组成员的指导下设计并验证了 300 多个活动方案。现有 23 个活动方案（含具有评价功能的分析部分）被广东高等教育出版社出版的《说课新说》一书收录。该书出版后，多次在广东省学前教育研讨会的现场销售一空。目前该书在当当网销售。 　　积累、总结了园本课程构建经验，为幼儿园建设园本课程提供了范例。在课题研究过程中，广州市天河实验幼儿园和广州市新陶幼儿园建构了较为完整的园本课程。 　　在城市幼儿园中寻找与农村幼儿园相似的课程资源与组织形式，初步积累了可供农村幼儿园借鉴运用的经验，为城市幼儿园与农村幼儿园的对话和交流提供新方法、新思路。课题组为合作幼儿园结对子，如广州市天河实验幼儿园与清远市新北江幼儿园、广州市白云区江高镇幼儿园与花都区梯面中心幼儿园、华南师范大学附属幼儿园与清远市清城区石角镇培英幼儿园。这些城区的省一级幼儿园和农村幼儿园之间结对进行相关研究。如新北江幼儿园借鉴天河实验幼儿园的课程理念和思路，开发北江沿江公园的资源，丰富了课程内容和形式。石角镇培英幼儿园在课题的带领下，大量利用唾手可得的乡土资源布置环境、投放为幼儿活动区的操作材料。 　　课题实验幼儿园教师在观念与行为上发生了明显变化，对实验园教育质量的提升形成一定的积极影响。通过课题培训以及行动研究，参与课题研究的教师在教育观、儿童观、课程观甚至自然观等基本观念上发生了变化，他们普遍接受了"自然生态课程"的理念，形成具有开放性特点的大教育观，在理解尊重儿童天性的基础上设计符合自然、生态要求的课程并努力实践，教育能力也有所提高，课程实施效果较为突出。

续上表

参与课题研究的人群，包括教师、家长、幼儿以及幼儿园所在社区，通过课程的实施，普遍建立了较为正确的环境意识，形成了尊重自然、与自然和谐相处的态度，也产生了相应的行为，将可持续发展落到了实处。 　　通过研究，实验幼儿园在课程的带动下，形成了鲜明的办园特色。如广州市天河实验幼儿园在课题组的指导下，将10余年的零散的以天河公园为主要资源的项目，整理、提升为系统的园本课程，形成了教育特色；广州市天河区新陶幼儿园在课题引领下，建立了以自然资源为载体的共享区域活动课程，为混龄教育的办学模式画上了圆满的一笔，成为真正意义上的混龄教育特色幼儿园。 　　课题合作幼儿园由1所变为15所。目前，在没有进行任何宣传与发动的情况下，依然有幼儿园主动申请参加研究，课题成果在业内产生了较好的影响。

附件

广东省教育科学规划项目会议鉴定表

成果名称	基于自然的生态化园本课程构建的研究		
课题主持人	刘景容	主持人所在单位	广东省教育研究院
专家组鉴定意见			

既定目标是否实现，拟突破的难题是否解决，学术上有何创新，研究内容是否充实，存在的主要不足：

1. 课题组从自然、社会生态等角度，致力于构建出游戏化、自然化、生活化，适合幼儿发展的生态型课程，并从中提炼园本课程建设的基本策略，达成了课题研究的主要目标。

2. 课题在准确把握、适度拓展"自然""生态""园本课程"等关键概念的基础上，构建了一套基于自然的课程方案，研究内容涵盖课程目标体系建设、课程资源和内容的延展、课程组织形式的多样化、课程评价的探讨与实践等，并提炼出建设园本课程的基本策略，内容充实，有实效，具有一定的创新性。

3. 课题组根据课程建设的基本框架，依据《幼儿园教育指导纲要（试行）》和《3～6岁儿童学习与发展指南》构建了较为完善的目标体系，开发了有效的评价工具与平台，较好地突破了研究的难题。

4. 课题研究的组织管理工作扎实有效。从课题的提出、研究方案的制定、课题研究的组织实施，到研究成果的总结提升，都做到了规范、科学。

5. 课题资料全面、翔实、成果丰富。有利于研究者进行反思和提升，并为同类研究提供了可操作性较强的做法和经验，对同行开展研究有借鉴意义。

6. 存在的主要不足：课程实施方案和课程建设的策略需要进一步落实与完善。

是否同意通过鉴定：同意（ √ ） 不同意（ ）

专家组组长签名：×××

专家组成员签名：××× ××× ××× ×××

年 月 日

续上表

	鉴定组专家	
姓　　名	工作单位	职务、职称
×××	华南师范大学教育科学学院学前教育系	教授
×××	广州大学教育学院学前教育系	系主任、教授
×××	华南师范大学教育科学学院学前教育系	系主任、副教授
×××	广东第二师范学院教育发展力研修学院	副主任、博士
×××	广东省教育研究院教育评估室	副主任、副研究员

省规划办验收意见：

广东省教育科学规划领导小组办公室

年　　月　　日

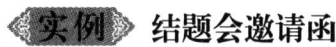 **结题会邀请函**

广东省教育科学规划立项课题结题报告暨成果交流会邀请函

最美人间四月天

尊敬的各位幼教同仁：

儿童是自然之子，他们与生俱来的天性让我们时时感受到自然的力量。敬畏自然，也包括成人要尊重儿童的自然天性，让他们像自野而来的花草，生机勃勃地成长。

"基于自然的生态化园本课程构建的研究"课题组（课题批准号：2012YQJK028，课题负责人：广东省教育研究院教研员刘景容）通过2年多的研究，拓展了"自然""生态""生态化园本课程"等概念，建立了自然生态课程的基本框架，梳理了园本课程构建的基本策略。该课程旨在营造健康的、自然的、生态的文化氛围，顺应幼儿自然天性，以自然资源、传统文化、儿童生活为主要载体设计相应课程，使幼儿在轻松、自然的状态下身心健康地成长。

课程愿景是美好的，然而课程建设却是相当艰难的，两年多的研究与实践既是我们形成初步经验的过程，也是让我们不断产生疑问与困惑的过程。借此结题之际，我们有意结识更多对此类课程感兴趣的同行，共同深入、持续地研究。

自然是美的，孩子也是美的，就像人间四月天。最美的四月，让我们相约花城，相约美丽的华师校园，一起探讨美好的话题——为孩子发展建设相对美满的课程！

"基于自然的生态化园本课程构建的研究"课题组

2016年4月13日

附件1：议程安排表

附件2：会议说明与报名（略）

附件1

议程安排表

时间	活动内容	主持人	活动地点
8：45— 9：00	签到、领取会议资料	华师附属幼儿园 办公室主任孙燕芳	大门口
9：00— 9：30	观摩早操、参观环境	华师附属幼儿园 保教主任韩凤梅	操场 全园环境
9：30— 10：10	1. 课题主持人、广东省教育研究院教研员刘景容陈述研究报告 2. 专家组提问，课题组核心成员代表答辩	课题合作单位法人代表、广州市天河实验幼儿园园长潘卓	大音乐厅
10：10— 11：00	专家商议结题的鉴定结论，填写相关材料；课题组核心成员与专家合影留念	华师附属幼儿园 副园长吴冬梅	办公室
	户外区域活动展示（如下雨则改为在大音乐厅展示华师附属幼儿园家长助教特色活动）	华师附属幼儿园 保教主任韩凤梅	操场或 大音乐厅
11：00— 12：00	1. 专家代表宣读鉴定意见 2. 主题报告：让我们陪你慢慢长大——基于网络平台的幼儿成长档案（刘景容）	广州市天河实验幼儿园园长潘卓	大音乐厅
12：00— 13：00	午餐、休息		华师校园
13：00— 14：00	网络版幼儿成长档案的使用说明与答疑	刘景容	大音乐厅
14：00— 16：30	幼儿园实践研究成果报告： 1. 回归自然，生态成长——城市公园资源的开发与应用（潘卓） 2. 与大学相约——华师附幼社区活动的实践与探索（韩凤梅）	华师附属幼儿园 副园长吴冬梅	大音乐厅

第五章　成果应用与推广

一、成果应用

　　成果应用是经受实践检验的过程。只有经过实践检验的成果才是科学的、有价值的。2014 年启动的国家级基础教育成果奖的评选工作，就把成果经历至少 4 年的实践验证作为申报的必备条件之一，这说明业内对只有历经实践验证的成果才会认可。

　　幼儿园的课题成果首先要用于园内工作。幼儿园的课题研究是为了解决实际问题而开展的，研究成果在通过专家鉴定后，理应用于幼儿园的实际工作，充分体现课题研究的实用价值。幼儿园在课题研究过程中，可能存在在研究的同时形成成果并用于实际，解决了某些问题的现象。这是可取的。

　　幼儿园要采取各种措施确保成果的应用。幼儿园要避免在课题研究结束后，将成果束之高阁的错误做法，应该在全园范围内宣传研究成果，以制度为保障，要求相应岗位实施研究成果，并督导成果落实情况，检验成果的实效。成果如不能实现理论上的效应，没有达成预期效果，应该进一步查找问题、分析原因，必要时还要请教专家，甚至开启新一轮的课题研究。

实例链接

　　"基于自然的生态化园本课程构建的研究"成果经过专家鉴定后，合作单位和广州市天河区新陶幼儿园以此成果为基础，修订了园本课程，解决了多年来困扰他们的园本课程建设的基本问题。其他实验园也或多或少地选用了某些成果，应用到幼儿园的课程和园舍环境建设中。有的幼儿园还进一步申报了相关的省、市级课题，开展更深入的研究。

其中，基于幼儿发展评价而研发的名为"宁馨儿成长记"的网络版幼儿成长档案袋，在3所实验园全面试用，接受教师、家长、幼儿的检验。而"幼儿发展评价手册"将近6.9万字的成果内容全部设置在档案袋的"幼儿成长报告"栏目中。在平台启用之际，"幼儿发展评价手册"这项成果也经受着广大家长、教师的检验。在平台使用过程中，教师和家长提出了一些建议，软件开发团队不断修改、完善，使这一成果的功能日渐强大，具有广泛的适用性。"宁馨儿成长记"的上线，解决了儿童发展评价中困扰幼儿园多年的难题。

由于本项目成果文本资料多达5本（16开本，每本约180页），无法全部收录进本书，因此笔者选取了课程实施方案（见本书第82页）作为代表。在园本课程建设中，课程实施方案如何撰写，业内对此并无定论，园长们也深感困扰。笔者通过课题研究梳理了这份方案，无论是体例格式还是具体内容，均只是一种尝试，不足以成为典范，仅供参考。

二、成果推广

成果推广是非常有意义的。经过专家鉴定和实践验证为科学的、先进的、有效的、对其他同行有借鉴意义的研究成果，应该广而告之，让更多同行获得成果信息，减少盲目探索、重复研究所造成的人力、物力、财力的浪费。成果推广不仅可以提高幼儿园和研究团队的知名度，甚至可以带来可观的社会效益和经济效益，还能吸引志同道合的同行一起深入研讨，进一步完善成果，共同促进学前教育事业的发展。将成果公开，还能在和学习者交流的过程中，获取更广泛的资讯和不同角度的专业意见，从而达到教学相长。成果推广不是一个单向输出的过程，而是一个专业信息双向流动的互惠互利的过程，幼儿园应该以开放的姿态，主动进行研究成果的宣传与推广。

成果推广的形式是多样的。幼儿园或主管部门可以召开项目成果报告会、学术交流会和信息发布会，或参与研讨会，以促进优秀成果的推广应用。幼儿园还可以争取政府有关部门或民间组织的支持，资助或协助项目优秀成果出版、发表；利用报纸杂志、网络、广播电视等大众媒介向社会广泛宣传；通过各级各类教育成果奖的申报机会提升成果的知名度；通过课题组成员对外讲座、学术报告、业务培训进行推广；通过幼儿园的公开活动、教研活动进行展示；等等。

成果推广要注意保护、尊重知识产权。能正式出版、公开发表、申请知识产权和专利或进行成果公报的成果，尽量在做好这些措施后进行推广，避免产生纠纷或被剽窃。同时成果发表也要遵守学术规范，对引用他人成果的部分要按照规范注明出处，避免沦入抄袭的误区。

实例链接

"基于自然的生态化园本课程构建的研究"结题后，课题主持人并没有就此画上句号，而是进一步整理成果，撰写了《基于自然的生态化园本课程构建的研究》一文，并参加 2016 年南方教育高峰论坛学术年会论文征稿活动，全文被录入会议论文集《思想的盛宴》（广东高等教育出版社出版）；撰写了《网络版幼儿成长档案的构建》发表于《教育导刊》2016 年第 10 期；撰写了《为儿童自然成长提供生态环境的混龄教育》发表在《广东教学报》2016 年第 10 期。

课题主持人进一步梳理园本课程构建的经验，整理了《园本课程构建的基本策略——以基于自然的生态化园本课程构建为例》的报告，先后被邀请在广东省民办教育协会 2016 年会、华南师范大学园长高级研修班、广东第二师范学院骨干园长国培班上进行成果分享，受到园长们的热烈欢迎。

结题后，课题主持人继续与软件开发技术团队合作，分析教师、家长使用"宁馨儿成长记"过程中存在的问题，吸取他们提出的合理建议，进一步完善平台的功能，使其更好地服务于幼儿发展评价，服务于家园深度合作，服务于园本课程和办园特色建设的需要。网络版幼儿成长档案袋的构建经验先后被邀请在中国教育学会基础教育评价专委会的 2016 年年会、2017 世界幼儿教育联合会亚太区研讨会（香港）、广东省《3～6 岁儿童学习与发展指南》背景下幼儿发展评价研讨会、广东省教育评估协会 2017 年年会等学术会议上进行发表和推介。主持人还被邀请在广州市天河区幼儿园信息化建设专项启动仪式和广州大学、深圳大学、肇庆学院、佛山市南海区和汕头、揭阳、潮州的园长班上进行了《基于网络的幼儿成长档案袋构建》的报告。"宁馨儿成长记"广受业界关注。该软件于 2017 年被广东省科技厅评为首批创新产品、广东省高新技术产品。《教育导刊》对此成果也进行了专题报道。目前，广州市天河实验幼儿园、广州市番禺区灵格风星河湾幼儿园、广州市天河区荟雅苑幼儿园、广州市天河区天府幼儿园、广州市天河区龙口中路幼儿园、广州市天河区翠湖幼儿园等省、市、区一级的公办和民办幼儿园全面启用了该系统。

◆**实例** **课程实施方案**

自然之生态式课程方案

一、课程背景

生态系统是生物和环境相互关联、相互影响的动态平衡系统。生态系统内部各部分紧密结合，直接或间接发生联系和作用。文化领域和自然生态系统一样，都是相互联系和共享共生的生态式存在。教育是文化系统传播的重要方式，课程是教育的主要载体。为防止文化传播的人为割裂，课程必须走向生态。

生态式课程具有系统性、整体性和开放性。开放性主要体现在以下几个方面：首先，把课程范围扩大到自然领域、社会环境领域、文化领域和社会个体（特别是教师、幼儿、家长、社区人士），注重把自然、社会、文化和师生个体作为课程的重要来源，这就意味着课程向自然开放、向生活开放、向文化开放，以及向幼儿与教师的个体经验开放等。其次，生态式课程体现的是关注幼儿自然的、生命本质的和谐与终身发展这一价值观，这就决定了课程必须向所有的幼儿个体开放，关注到每个自然生命个体的差异性。同时，生态式课程还要向幼儿的终身发展开放，体现促进幼儿个体的可持续发展和终身发展的思想。

近年来，国家和广东省的相关文件、政策都提出幼儿园教育要因地制宜，充分利用本地资源，构建具有园本特色的课程。与此同时，在教育回归自然的时代背景下，各种生态幼儿园相继出现，如何构建生态式园本课程显得尤为迫切。

二、课程构建理论基础

（一）人类发展生态学理论

布朗芬布伦纳认为儿童的发展受到与其有直接或间接联系的生态环境的制约，这种生态环境是由若干个相互镶嵌在一起的系统所组成的，这些系统表现为一系列的同心圆。

（1）微观系统（microsystem）。这是儿童生活的场所及其周边环境，如家庭、幼儿园、学校、邻居和社区。

（2）中间系统（mesosystem）。它是处于微观系统中的两个事物（如幼儿园与家庭、幼儿园与社区、家庭与社区）之间的关系或联系，对儿童的发展有很大的影响。

（3）外层系统（exosystem）。它对儿童的发展只有间接而无直接的影响。例如，父母工作场所、家庭生活条件、各种视听媒体等。这些都会渗透到成人和儿童的相互作用中去。

（4）宏观系统（macrosystem）。它是儿童所处的社会文化背景，包括来自某种文化或亚文化的价值观念、信仰和信念、历史及其变化、政治和经济、社会机构等。例如，西方文化更强调个人主义，而东方文化则更强调集体主义。

（5）时代系统（chronosystem）。它主要是指儿童所生活的时代及其所发生的社会历史事件。

布朗芬布伦纳进一步指出，这些系统中的每一个系统都对儿童的发展有着复杂的生态学意义；各个系统是相互联系、相互制约的，其中任何一个系统的变化都会波及另外一个系统；儿童的发展过程是其不断地扩展对生态环境的认识的过程，从家庭到幼儿园再到社会；儿童的生态过渡（即生态环境的变化）对其发展具有举足轻重的作用。

这一理论支持本课程的资源来自大自然、儿童生活、传统文化等构建幼儿成长环境的基本要素，也决定了本课程应将教师、家长、社区、幼儿园、时代信息、家庭生活、传统文化等与幼儿成长相关联的因素构建成一个具有生命力的生态系统，促成系统中的各类人群生态式发展。

（二）自然主义教育思想

在中国，先秦时期的老子和庄子提出的教育思想与自然主义教育有异曲同工之妙。老子主张回归自然、复归人的自然本性，任其自然便是最好的教育。而庄子道法自然的思想体现了尊重人和物的自然本性，尊重事物发展的规律，大美不言，大圣不作，因此"物各有宜，顺应本性"。在传统幼儿教育中，也有不少教育家深刻认识到，必须适应儿童的身心特点，顺其性情，反对束缚、压制儿童个性。王阳明认为，"大抵童子之情，乐嬉游而惮拘检，如草木之始萌芽，舒畅之则条达，摧挠之则衰萎。今教童子，必使其趋向鼓舞，中心喜悦，则其进自不能已。譬之时雨风，沾被卉木，莫不萌动发越，自然日长月化。若冰霜剥落，则生意萧条，日就枯槁矣"。因此，教学要注意儿童的年龄特点。采用违天性、逆性情的做法，"盖驱之于恶，而求其为善"，结果是与教育者主观愿望相反。王阳明认为诗歌、故事、舞蹈、游戏、旅行是幼儿教育的最好形式。

幼儿教育必须适应儿童的身心特点，同时遵循学习内容自身的客观规律。"资循序随其分限所及"正是这一规律的体现。孔子讲"欲速则不达"，孟子批评"揠苗助长"。崔学古在《幼训》中指出:"为师父者,教子弟不必躐等,当知循序;不必性急于一时,而在操功于悠久。优而游之,使自得之。自然慧性日开,生机日活。"王阳明对此更有精辟的论述。他说:"与人论学,亦须随人分限所及。如树有这些萌芽,只把这些水去灌溉,萌芽再长,便又加水,自拱把以至合抱,灌溉之功,皆是随其分限所及。若些小萌芽,有一桶水在,尽要倾上,便侵坏他了。"因此,凡授书不在徒多,但贵精熟,量其资禀。

在西方,卢梭自然主义教育的核心是"回归自然"。教育必须遵循自然,顺应人的自然本性。他认为善良的人性存在于纯洁的自然状态中。教育就是让儿童的天性得到发展。儿童天性中包含主动自由、理性和善良因素的结论,因此他呼吁保护儿童纯真天性,让儿童个性充分发展,要重视儿童成长的顺序性和阶段性,要根据不同年龄时期的身心特点实施教育,还要注意到儿童天性的个体差异,因材施教。他要求尊重儿童的自由,让儿童享有充分自由活动的可能和条件,并在教学过程中采取自然的、自由的教学方法以适应儿童的身心发育水平和个别差异。他十分推崇自由,强调要让儿童在游戏活动中学习。

裴斯泰洛齐进一步深化了自然教育思想。他提出"天性的自我发展"的观点,即在尊重儿童天性的同时,更要注重儿童内部自然力的发展。他还提出"教育心理化"这一实现路径。"教育心理化"有两层含义:教育的目的在于使人内在的能力得到培养和发展;教育教学过程要顺应儿童的心理发展规律,使儿童处于主动地位。

福禄培尔吸收并发展了卢梭、裴斯泰洛齐等人的自然教育思想,将教育顺应自然作为最主要的教育原则。"自然"主要包括两层含义:一方面是指大自然;另一方面是指儿童的天性,即生理和心理特点。

福禄贝尔创建了世界上第一所幼儿教育机构,并命其名为"幼儿园(kindergarten)"。他认为幼儿园就是阳光普照的幼儿花园,幼儿是花朵,教师是园丁。他的办园目标是在"幼儿花园"中,像对待花花草草那样照护和滋养幼儿。福禄贝尔认为幼儿园是绿色家园,幼儿与大自然和谐统一,幼儿的生命经历丰富多彩并得以健康成长。

福禄贝尔强调游戏的教育价值。他认为游戏是儿童的内在本能,尤其是活动本能,因而对儿童的教育,应当顺应其本性,满足其本能的需要,如同园丁顺应植物本性,施以肥料,配合以合适的日照、温度。

福禄贝尔认为,游戏和手工作业应是幼儿时期最主要的活动,而知识的传授只是附加的部分,穿插其中。幼儿园上课只需要用口语,不需要学习文字。教师最主要的责任是妥善地加以指导、设计各种游戏活动。福禄贝尔相当重视手工材料和教具的准备，包括著名的"恩物"。他也重视环境的设置，主张幼儿园必须设置花坛、菜园、果园。

福禄贝尔主张教育适应儿童天性，反对强制性教育和压制儿童的发展，重视儿童积极活动，重视发展儿童的创造性，重视儿童个性的发展以及强调早期教育对人一生发展的重要意义，主张人在各个发展阶段上教育的连续性等。

自然主义教育思想为本课程确立基本理念、课程构建、实施方式等提供了全方位的、有力的理论支持。

（三）生活教育思想

杜威认为"教育即生长""教育即生活""教育即经验的不断改造"，并认为教育应该遵循儿童本位。教育自身无目的，生长的过程就是教育本身的目的。教育应以儿童为中心，从儿童的天性出发，促进儿童的个性发展。教育过程是儿童和教师共同参与、真正合作和相互作用的过程。教育应该让儿童在各种活动中充分表现自己的生命力，其能力的提高是通过经验的不断改组、改造来实现的。教育是从已知经验到未知经验的连续过程，这种过程不是教给儿童既有的科学知识，而是让他们在活动中不断增加经验。经验的获得离不开儿童的亲身活动，由此杜威又提出了另一个教育基本原则——"从做中学"，他认为这是教学的中心原则。

陶行知和陈鹤琴在中国教育领域践行并发展了杜威的教育思想，提出"生活即教育""社会即学校""教学做合一"以及"活教育"。他们认为大自然和社会都是课堂，都有活教材；教育在生活世界中发生，但生活世界不是教育的背景，而是教育的场域。

这一思想及实践经验启示我们，在课程建设中，要有回归生活世界的意识与人文关怀，使儿童的生活变得丰富，让儿童的生命得到自然展现。只有恰当运用"回归生活世界"的理念来关照教育，加强教育与生活的联系，教育的本质力量才能得到完全释放。同时，生活教育思想也为生态式课程确定幼儿发展目标、组织实施原则、幼儿学习方式等提供了依据。

（四）可持续发展理论

这一理论指出可持续发展就是合作、公平、合理使用资源及对环境的关注与考虑。其核心就是要尊重社会文化、自然规律，倡导发展环境，承认社会文化和自然资源的价值，认为人与社会、自然要和谐协调的发展。对生态式课程研究的理论支撑在于：一方面，幼儿是未来世界的主人，他们对待自然、社会文化的态度与方式决定人类社会可持续发展的实现。另一方面，从发展的眼光看，我们把学前儿童仅仅看作幼儿是不够的，要把学前儿童和人的终身发展、可持续发展联系起来，把学前教育课程和人的终身教育联系起来。

这决定了生态式课程的建构既要培养幼儿的环境意识和对文化的态度，立足于实现可持续发展的全球战略目标，又要立足于幼儿自身的可持续发展、终身发展。

三、课程理念与核心概念

本课程遵循人类社会生态学原理，依据自然主义教育理论，践行生活教育思想，以可持续发展为导向，开展基于自然的生态式教育，让幼儿充分发挥天性，健康而有灵性地成长。

（一）理念及释义

本课程认同"儿童是自然之子"，主张"让儿童回归自然，在自然状态下身心和谐发展"。该理念具体包含以下五个层面的含义：

（1）顺应幼儿天性，依其自然本性进行教育。

（2）自然环境、传统文化、儿童生活等资源是活教材，是课程内容的主要来源。

（3）幼儿学习的环境是自然的，让幼儿在自然、轻松的学习环境中体验和探索。

（4）"教"与"学"的方式是自然的，坚持预设与生成相结合，让幼儿在自然而然的状态下主动学习、身心和谐发展。

（5）培养完整的、有灵性的幼儿是课程的核心价值追求。

（二）核心概念

1. 自然

自然指具有无穷多样性的一切存在物，也指天然的、非人为的或不做作、不拘束、不呆板、非勉强的。"自然"在很多时候意指"自然环境"或"荒野"等本质上未受人类介入，或是即使人类介入但仍然存留的东西。本研究中的自然包括自然环境，也引申为儿童天然的、不受拘束的个性，以及基于这种天性的非勉强的、不呆板的教育方法、学习方法。意即我们为幼儿提供尽量自然的环境，让幼儿在自然而然的状态下主动学习、发展。

2. 生态

生态指生物在一定的自然环境下生存和发展的状态，以及它们之间、它们与环境之间环环相扣的关系，即指一定地域（或空间）内生存的所有动植物之间、动植物与其所处环境之间的相互关系。它强调系统中各因子之间的相互联系、相互作用，以及功能上的统一，含有系统、整体、联系、和谐、共生和动态平衡之意。"生态"一词最初见于生态学，现在涉及的范畴越来越广。人们常常用"生态"来定义美好的状态，如健康的、美的、和谐的等事物均可冠以"生态"修饰。

3. 生态式课程

生态式课程是运用生态学理论构建的课程，即以生态的视角、态度、原理和方法来关照、思考、解释复杂的课程问题，并尝试以生态的方式建构健康、和谐、适宜于幼儿发展的课程。在本研究中，我们认为生态式课程是以自然资源、儿童生活、传统文化为载体，教师、幼儿、社区、家庭共同参与，运用生态学理论与方法设计课程，并对其进程进行生态规划的课程。生态式课程将课程视为一种富有生命的生态体，由各种相互作用的要素构成动态的生态系统。它既是一种课程理念，也是一种课程实施策略，是幼儿园为实现幼儿在自然生态、社会生态和心理生态等方面和谐统一所采取的活动及活动方式的总和。

四、课程目标体系

为了完整呈现课程在各个层面的要求，详解课程的价值追求，我们构建了不同层次的目标内容，构成本课程的目标体系，包含以下层次：课程愿景、总体目标、分领域目标及活动目标（如图 1 所示）。其中课程愿景、总体目标和分领域目标表达的是对幼儿园课程活动的宏观要求，而活动目标则是在三个上位目标的指导下根据具体活动拟定的。

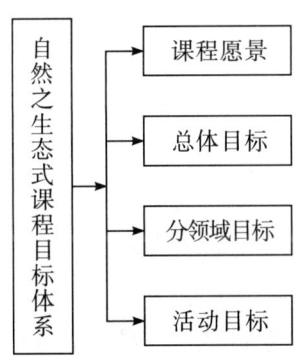

幼儿园自然之生态式课程目标体系图

（一）课程愿景

本课程旨在营造健康的、自然的、生态的文化氛围，顺应幼儿自然天性，以自然资源、传统文化、儿童生活为主要载体设计相应课程，使幼儿在轻松、自然的状态下，身心健康、富有灵性地生活、成长。

（二）总体目标

1. 课程建设目标

借鉴生物学中生态的概念，以一所幼儿园的教育要素构成的儿童成长环境为区域范围，以社区丰富的自然资源、地方传统文化、自然存在的儿童生活为载体，以促进幼儿身心全面和谐、富有个性的发展为目标，从生态学的视角构建出一套游戏化、自然化、生活化，适合幼儿发展的生态式课程。

2. 幼儿发展目标

在课程影响下，幼儿健康活泼，崇真尚美，友善自信，关爱自然，敬畏生命，具有环境意识和创造性，并乐于探索。

幼儿对自然环境的健康状态有一定认识，对社会与自然环境的相互关系有初步了解，能够养成维护自然生态和社会生态的良好行为习惯，并在理解和践行自然生态和社会生态的过程中形成健康的心理状态，从而实现幼儿自然生态、社会生态和心理生态的和谐统一。

（三）领域目标

本课程在《3～6岁儿童学习与发展指南》（简称《指南》）的基础上增加领域总体目标。《指南》中幼儿典型性表现作为课程中五大领域的儿童发展目标（本方案中不再呈现），通过具体的教育活动实现。

1. 健康领域

幼儿在身体、心理和社会适应方面状态良好，健康活泼。拥有发育良好的身体、愉快的情绪、强健的体质、协调的动作、良好的生活习惯和基本生活能力，形成安全感和乐观态度。

2. 语言领域

幼儿形成良好的言语素养，有较好的口语交流能力。乐意与成人、同伴沟通，想说、敢说、喜欢说。乐于倾听、善于表达，养成文明的语言习惯，具备前阅读和前书写能力。具有阅读兴趣和良好的阅读习惯，能通过阅读进一步拓展学习经验。通过语言交流，发展人际交往能力、理解他人和判断交往情境的能力、组织自己思想的能力。具有通过语言获取信息，超越个体直接感知的能力。

3. 社会领域

幼儿形成良好的人际交往和社会适应能力，友善自信。幼儿遵守基本的行为规范，愿意与人交往并能与人友好相处。在积极健康的人际关系中获得安全感和信任感，发展自信和自尊。在良好的社会环境及文化的熏陶中学会遵守规则，形成基本的认同感和归属感。幼儿在社会性不断完善的过程中奠定健全人格基础。

4. 科学领域

幼儿具有发现问题、分析问题和解决问题的科学素养，具有热爱自然、敬畏生命的环境意识。对探究新事物、新现象有强烈的兴趣和好奇心，乐意体验探究过程，发展初步的探究能力。通过观察、比较、操作、实验等方法，直接感知、亲身体验和实际操作，在自然和生活环境中不断积累经验，并运用于新的学习活动，形成受益终身的学习态度和能力以及创新意识。在探究具体事物和解决实际问题中，尝试发现事物间的异同和联系。在对自然事物的探究和运用数学解决实际生活问题的过程中，获得丰富的感性经验，充分发展形象思维。初步尝试归类、排序、判断、推理，逐步发展逻辑思维能力，为其他领域的深入学习奠定基础。

5. 艺术领域

幼儿形成一定的感性素养，有丰富的情感体验和想象力，有独特的审美情趣和创造力。乐于感受美、欣赏美，初步形成表现美、分享美和创造美的能力。在大自然和社会文化生活中萌发对美的感受和体验，丰富想象力和创造力。学会用心灵去感受和发现美，用自己的方式去表现和创造美。能用自己独特的笔触、动作和语言表达对周围世界的认识和情绪态度。

五、课程资源与内容

课程资源主要来自自然环境、儿童生活和传统文化。自然环境包括真实存在于儿童生活世界的自然现象、自然物（包括动物、植物、沙石、水、空气、土壤、矿物等）以及它们构建的物质环境。儿童生活包括幼儿园和家庭中的日常活动、突发事件以及具有重大影响力且符合幼儿身心发展水平的社会新闻。传统文化包括现实存在的场馆（如古迹遗址、博物馆）等空间环境、民俗活动、传统手工艺和传统节日等，既涵盖中华民族普适的优秀传统文化，也包含有特色的地方传统文化精华。

幼儿园可利用其各自独特的自然与人文资源组织活动。项目组选取了一年中某些有价值的传统节日、纪念日、自然现象作为课程资源，以主题的形式提出了部分活动内容的建议，仅作为各幼儿园的参考和选用。事实上，项目组幼儿园提供的大量课程实施的具体方案，均不在下列备选活动范围，充分体现了不同幼儿园在实施本课程方案的过程中，有自主研发的意识与能力。

此外，这些备选主题内容是作为预设形式存在的，不表示本课程以预设为主。相反，我们提倡教师时刻关注幼儿的兴趣、已有经验、相关资源，生成更符合本课程理念的活动，实现课程目标。

备选活动并不是幼儿园选取其课程内容的标准，仅为有意开展这一课程实践的幼儿园提供设计思路。我们建议各幼儿园结合自有的课程资源进行课程内容的选择，在此过程中，幼儿园应遵循以下原则。

（一）预设与生成相结合的原则

本课程预设的内容安排，是基于一般经验列举出来的。各园应在此基础上根据园情予以修改，形成幼儿园的预设方案。而各班教师在领会本课程精神的基础上，基于本班级幼儿的现状进一步设计精准的活动内容。同时，班级教师在实施预设活动的过程中应时刻关注幼儿的兴趣，调整不合适的预设活动，随机生成顺应儿童内在动机的有意义的活动。此外，我们鼓励教师在准确理解、把握本课程理念的前提下，实施"幼儿在前，教师在后"的课程设计思路，灵活生成顺应儿童天性、支持儿童发展的课程内容。

此外，由于自然是不受人控制的，因此，教师在实施自然资源的课程方案时，要依时而定，而不能生硬地按照课程方案中的时间安排进行。例如，教师设计了关于"雨"的主题活动后，最好在适合的天气背景下因时因地实施。除此之外，幼儿在自然环境中总会有各种各样的意外发现和惊喜，他们的注意力和兴趣就会从既定活动转移到这些发现中。面临这样的情况，教师应随机生成有价值的活动，而不能罔顾幼儿的好奇心，继续生硬地完成预定课程。这也是课程内容预设与生成结合的体现。

（二）因园制宜、顺应自然原则

因各园所处环境与办园条件不同，幼儿园应当以法律法规及相关政策为指导，结合幼儿园自身的历史积淀、组织文化、办园理念与特色、教师特长、教育资源等，多渠道开发适宜的园内外课程资源，梳理出系列、系统的课程内容。

本课程的宗旨在于通过课程建设，帮助幼儿实现自然生态、社会生态和心理生态等方面和谐统一。因而，课程资源与内容的选择要遵循基本理念，符合"自然"这一核心概念要求。具体表现在课程资源来自儿童生活中自然存在或出现的有教育价值、能引发幼儿关注的人、事、物、现象等。课程内容是基于这些资源形成的灵活的、顺应儿童天性的教育载体。

（三）兼顾幼儿兴趣与发展以及社会要求的原则

课程内容是为课程目标服务的，而课程目标的拟定建立在幼儿发展和社会要求的基础之上。因此，课程内容的选择首先要顺应幼儿兴趣，有助于促进幼儿健康成长，其次要符合社会与时代对幼儿发展的要求，如国家、地方、园本三个层面对幼儿发展提出的要求。

备选活动安排如下：

时间	活动载体	主题 核心意蕴	各年龄段主题活动		
			小班	中班	大班
9月	教师节	感恩、职业教育	老师像妈妈	老师真棒	我爱老师
	中秋节	团圆、归属	过节乐	月亮—灯笼—火	中秋之夜
	27日 世界旅游日	见闻，爱家乡、爱自然	我爱我的幼儿园	我们的旅行社	世界真美好
	自然现象：台风	安全	不一样的风	危险的台风	台风

备注：9月幼儿园刚刚开学，大部分幼儿暑假都去旅游或者回老家。中大班的教师可结合幼儿的经历，组织相应的关于旅游的主题活动；小班幼儿刚入园，有各种不适应，活动的重点应放在组织幼儿适应园区环境上。

本月的中秋节活动，小班主要侧重于节日氛围的感受和典型活动的参与、感知；中班侧重于节日内涵的体验与理解；大班侧重于幼儿自己对于节日的展现与丰富。

教师节活动建议1~2天即可

时间	活动载体	主题核心意蕴	小班	中班	大班
10月	10日"世界居室卫生日"	清洁、爱惜居住环境	我的小手真能干、保持环境整洁	劳动日活动、健康	劳动日活动、美化
	16日"世界粮食日"	节约粮食	好吃的食物（健康）	绿色食品（安全）	食物的旅程
	22日"世界传统医药日"	保健、养生（花草）	药用花草	食疗	神奇的大自然
	重阳节	敬老、运动	祖孙情	登高	社区敬老

备注："世界粮食日"主题活动中，小班幼儿以样样食物都爱吃、不挑食为主旨；中班幼儿以了解粮食的多样性与安全性，形成节约粮食、安全食用的意识为主要目标；大班将重点放在了解不同食物的营养价值，养成健康饮食的习惯上。重阳节的活动需联合家庭、社区进行，引导幼儿敬老、爱老，大班幼儿还可以进行一些探讨性活动，感知人、事、物变化的过程等

续上表

时间	活动载体	主题核心意蕴	各年龄段主题活动		
			小班	中班	大班
11月	9日"中国消防宣传日"	安全、生命	我是安全小宝宝	危险的事情我不做	安全常识我知道
	第四个星期感恩节	感恩	谁帮助了我	谢谢你帮忙	社会里的小小工作者
	自然：天空	神秘、博大	美丽的天空	白天与黑夜	空气污染
	季节：秋天	季节变化	秋天来了	寻找秋天	不一样的秋天
	备注：消防宣传日主要是进行安全教育，幼儿要了解哪些事情是危险的，知道一些危险情况的应急办法。借助感恩节的契机，可以让幼儿了解不同的社会工作者对我们生活的帮助，建立"社会"这一概念，了解生活的生态环境；也可以结合12月12日的广州慈善日，开展全园性活动，如慈善义卖。关于季节的主题活动，小班幼儿主要能够感知季节的变化，中班幼儿能够了解不同季节的转换和季节的特征，大班幼儿的学习重点可放在探讨季节变化与我们生活的关系上					
12月	冬至	御寒、自我保护	冬至大过年	不同的节日	最长的黑夜
	29日国际生物多样性	探索与环保	我爱小动物（植物）	动（植）物真神奇	人和动物（植物）
	自然物：沙、石、泥土	探索与研究	石—山	泥—草原	沙—沙滩—荒漠
	季节：冬天	季节变化	冬天来了	不一样的冬天	冬天的我们
	备注：冬至可以和冬天结合进行相关主题活动，在感受传统节日文化的同时感受自然变化的节奏。生物多样性可以从孩子感兴趣的动植物入手，围绕认识不同动植物、如何保护动植物以及保持生态平衡等展开活动，大班的幼儿还可以涉及对生物链的认识					
1月	元旦	成长、迎新	新年快乐	新年到	我长大一岁了
	备注：元旦是阳历年，注意区分元旦节与春节的不同，避免混淆幼儿的认知。					

续上表

时间	活动载体	主题核心意蕴	各年龄段主题活动		
			小班	中班	大班
2月	春节、元宵节	团圆、祝福光明、红火	利是、拜年	饮食、花灯	十二生肖、风俗
	备注：春节是中国最为重要的传统节日。春节期间幼儿并不在园，活动的组织建议放在开学后的一两周内进行。春节的主题重点，小班可放在具体的过节行为上，如拜年、利是封、团圆饭等，中、大班可了解各地不一样的春节风俗习惯等。元宵节的主题活动很多，可以猜灯谜、做花灯、吃元宵、放烟火等				
3月	12日植树节 21日世界森林日	探索、环保、种植、新生	花儿的世界（与春季结合）	树的秘密（与春季结合）	有趣的植物（与春季结合）
	季节：春天	季节变化			
	备注：植树节、世界森林日的活动可以与春天的主题结合进行，了解春天的气候及植物特征，知道树木的作用，了解为什么要植树等；可以对园内外多种植物进行深入的认识和探讨				
4月	清明节	生命	春游	节气	祭奠、珍惜生命
	2日国际儿童图书日 22日世界读书日	阅读	我和图书做朋友	快乐阅读	我爱读书
	22日世界地球日	环境保护	我喜欢的社区	我爱我们的家园	美丽的地球村
	天气：雨、雷、闪电	安全	下雨天	雷雨	雨季
	备注：清明节对小班的幼儿来说还很难理解，可以从懂得保护自己入手，感知生命的意义；中大班可以围绕体验生命—生命的延续—生命的价值展开。读书日活动主要是培养幼儿良好的阅读习惯，幼儿园可吸收家长、社区等资源组织各种活动。世界地球日可以进行各种环保主题活动，如可以开展了解我们居住的社区环境、如何保护环境等，也可以开展全园性大型系列活动，如"地球妈妈笑了""地球妈妈我爱你"等				

续上表

时间	活动载体	主题 核心意蕴	各年龄段主题活动		
			小班	中班	大班
5月	季节：夏天	季节变化	夏天真热	火辣辣的夏天	夏天
	自然物：水	探索、环保	好玩的水	有趣的水	水真有用
	母亲节	感恩、亲情 幸福、	爸爸妈妈， 我爱你	我爱我家	相亲相爱 一家人
6月	儿童节				
	父亲节				
	5日世界环境日	探索、环保	草地的秘密	虫虫总动员	昆虫之旅
	端午节	竞争、纪念	特别的粽子	过端午	划龙舟
	自然物：水果	探索、健康	好吃的水果	水果店—果园	我要上小学
备注：5月的母亲节、6月的父亲节和儿童节可以结合在一起作为亲情教育的主题，中大班的幼儿还可以了解爸爸妈妈的工作、爸爸妈妈的本领等作为活动的延伸。端午节主要是了解端午节的习俗及体验包粽子、划龙舟等游戏活动。6月开始，大班进入幼小衔接的课程中，直至毕业					

六、课程组织与实施

本课程的组织形式是多样化的，呈现出低结构、开放性的特点。

（一）课程组织实施的原则

1. 幼儿本位原则

幼儿本位原则强调课程应当尊重幼儿的学习与探索的兴趣、立足幼儿已有的经验和年龄特点，从幼儿视角出发设计与实施相应活动，促进幼儿发展。也即遵循儿童天然的、不受拘束的个性，采用基于这种天性的非勉强的、不呆板的教育方法、学习方法，让他们在自然而然的状态下主动学习、富有个性地健康成长。

2. 生态式原则

课程的组织形式具有多样性和适宜性，与课程目标、内容、资源等课程要素形成适宜于促进幼儿和谐发展的生态式关系。因此，课程组织形式在任何一个主题活动中都不是单一的，而是多种多样的，是最有利于幼儿成长的不同形式的最佳组合。

（二）课程组织实施的形式

本课程以主题为红线，根据幼儿兴趣和经验、课程目标、内容和资源等因素确定适宜的多种组织形式并予以实施。主题活动是师幼围绕某一个话题展开的深入探索的过程，是本项目建议各幼儿园进行课程实施的主要形式。主题活动是通过具体的主题环境创设、区域活动、生活活动、教学活动、级组或园区的联合性活动、家园合作、社区活动等实现的。

一个主题活动时间的长短依据幼儿兴趣状态和目标达成情况而定。微型主题活动可能只是在一天内完成的，小型主题活动可能持续一周时间，中型主题活动大概持续两周时间，大型主题活动持续三周以上。主题活动时间长短往往与年龄段相关，小班幼儿更适宜于开展微型、小型主题活动。

（三）主题活动的基本路径

首先是教师与幼儿一起发现、讨论、确定主题，其次共同以各种适合的形式进行探索、研究，最后是回顾、表征、分享、反思探索过程与成果。具体过程如下：①幼儿自主活动，积累直接经验（注意充分发挥亲子活动的作用）；②绘画表征，进行回顾、反思；③一对一交流与记录，读懂幼儿；④集体分享、确定课程生长点；⑤以适宜的形式开展探索活动；⑥作品展示呈现课程行进过程。这个过程在主题活动中可能会不断重复出现，直至整个活动结束。在主题活动中应强调通过不同的探索方式促进幼儿深度学习，避免走过场的形式主义。

当然，非主题性的活动也是存在的。比如和主题无关的常规性生活活动、必须掌握的知识与技能相关教学活动、不在主题范围内的联合性活动等。

1. 区域活动

区域活动包含区域游戏和区域个别化学习。区域活动可以关照到每个幼儿的不同兴趣和发展水平。主题活动中，全班幼儿的具体兴趣点和探索能力都可能不同，有的幼儿甚至会对主题活动内容没有兴趣。多样化的区域活动能满足幼儿的差异化和个性化需求。

区域的设置和材料的投放既要根据主题活动的开展进行变化和更换，也要有一定的基础性设置；既要有主题性的区域，也应有非主题性的区域，还可以有 2~3 个主题同时并存的情况。

2. 混龄活动

混龄是人类社会最自然、最真实的生活状态，也是对幼儿成长十分有利的一种活动组织方式。项目组中有部分幼儿园已经尝试进行了一些混龄活动，取得了十分显著的成效。在此基础上，项目组建议各幼儿园根据园本条件，采取一些混龄活动，为幼儿提供一个真实、生态的游戏伙伴群体。项目组更支持幼儿园采取全混龄编班的办学模式，为幼儿成长提供自然的、生态的全天生活环境。

3. 生活活动

生活活动是指满足幼儿基本生活需要的活动。在园生活主要包括幼儿入园、进餐、饮水、盥洗、如厕、睡眠、离园等环节，也包含幼儿在家的生活。生活活动贯穿于幼儿的一日活动中，旨在帮助幼儿发展生活自理、与人交往、自我保护等能力，逐步养成健康的生活习惯。

本课程认为幼儿的学习在生活中无处不在、无时不在；人关于生活的知识与技能往往是在生活中习得的，生活场域也是教育场域；生活中的学习才是真实的、自然的、轻松的。因此，教师和家长要关注幼儿的生活活动，关注生活中的每个环节，挖掘其中的教育价值，进行水到渠成的、自然的教育，实现生活教育思想。

4. 教学活动

教学活动是教师根据幼儿发展状况和目标，有计划、有目的地选择课题，决定学习内容、方法和技能，并创设相应的环境，提供合适的材料，面向全体幼儿开展的教育活动。简单地说，是在教师指导下开展的集体性的教育活动。教学活动是幼儿园课程组织实施中经常出现的一种形式，有一定优势，可以是全班一起进行，也可以分小组进行。教学活动在幼儿相关经验积累充分的情况下，能起到事半功倍的效果，因此在主题活动中适时运用教学活动是非常有利的。教学活动设计要科学适宜，过程中要尽量使用开放式提问、操作、游戏、讨论等方法，使活动过程生动活泼、灵活多样，符合幼儿的年龄特点，避免小学化。

5. 联合性活动

联合性活动是指跨越班级界限的活动，包括走班制级组游戏或全园性的节庆活动。节庆是本课程中的主题内容之一，在重大节日开展级组或园区联合性的节庆活动能实现资源共享，丰富课程形式，提高课程质量。因此，本课程支持适时适度的联合性活动。

6. 家园合作

家长是实施本课程不可或缺的资源和实施主体，家庭中的教育往往是最自然、无痕的，也是最有影响力的。在本课程实施过程中，家长对课程理念的认可与积极配合，甚至主动参与，能使幼儿园的教育事半功倍。幼儿园要有计划地对家长进行系列培训，使家长认识到本课程中家长、家庭教育的重要性，学习掌握家庭教育的有效方法，在培养完整儿童中发挥举足轻重的作用。幼儿园利用家长资源组织活动有"引进来"和"走出去"两种不同的方式："引进来"即邀请家长参与幼儿园的课程建设，参与日常教育活动，为幼儿园提供资源，并高质量地完成幼儿成长档案袋的制作等；"走出去"即鼓励家长组建友好家庭，利用节假日带孩子一起走进自然，参加社区活动，拜访友好家庭，参观城市或郊野景观，参与社会上的节日、节庆活动等，帮助幼儿积累丰富的直观经验。

7. 社区活动

按照布朗芬布伦纳的生态系统理论，社区属于幼儿生活的中型生态系统，对幼儿的发展起着重要的作用。各幼儿园应充分利用好各类社区资源，组织幼儿到社区中进行有意义的活动，为幼儿开展主题活动积累丰富的直观经验。

8. 环境创设

幼儿园的环境主要是指物质环境和精神环境。积极、和谐的人际关系和文化氛围是生态式课程的基础，能为幼儿的自然成长提供轻松、愉悦的精神环境。幼儿园要全方位营造美好的校园文化。环境是幼儿的"第二位老师"，是作为隐性课程存在的。以幼儿为主进行的环境创设更是课程行为，是课程不可分割的组成部分。因此，环境创设是有教育价值的幼儿活动，而不仅仅是教师工作。环境布置中的素材、作品是幼儿活动结果的呈现，而不是教师美工成果的展示。项目组中的幼儿园在物质环境创设上，要尽量体现自然资源的应用和废旧生活物品的再利用，让幼儿在主题活动中的表征作品成为环境中的主要材料，使校园环境体现出浓郁的"自然气息、生活气息和儿童气息"。

七、课程评价

课程评价指向课程建设、儿童发展、教师专业成长等三个维度，不同评价主体和对象采取的评价方式有所不同，但有些评价方式会指向多个维度，或同一评价形式可适用于不同评价主体。具体的评价方式方法有很多，本方案仅列举几种有代表性的质性评价方法。项目组幼儿园可以根据本园课程的具体实施情况采用多种评价方式，不局限于下列几种，以适宜为原则。

（一）以说课方式对课程建设与教师专业能力进行评价

本项目组采用"课程故事"等课程结束后的回顾性说课教研方式，帮助教师反思课程设计、组织与实施情况，让教师以说课的形式与结构为支架进行全面的课程梳理，并自我解剖与评价。

（二）以游戏故事对课程建设、幼儿发展状况进行评价

借鉴"安吉游戏"中的游戏故事让幼儿成为课程的评价主体，同时教师通过游戏故事了解幼儿的发展水平以及他们对游戏的看法。

游戏故事是幼儿通过绘画、语言等方式对游戏经历进行回顾、反思、叙述和表达的过程。具体的做法如下：游戏结束后，幼儿自主画出自己想要表达的游戏内容，然后用语言向教师或家长表达自己画了什么、是什么游戏，教师或家长用文字完整记录下来。教师则利用自己在游戏现场拍摄的照片和视频，组织幼儿集体分享、交流。当幼儿看到自己的经验、自己的话、自己的语言被教师或家长用抽象的文字表征出来，或被教师拍摄下来并呈现出来的时候，他们会再次回忆、思考自己的游戏。随后，教师在教室的墙面、阅读架等空间展示和存放游戏故事，幼儿不断去看，与自己的游戏对话，以及向同伴介绍自己的作品和故事，蕴含着更多的反思。幼儿在梳理和表达自己的做法和想法的同时，也会去思考别人的做法和想法。这个过程实际上就是幼儿在对游戏进行评价。

游戏故事的做法可以借鉴到主题探究活动、阅读、观察等活动中。

（三）以在线幼儿成长档案袋对幼儿发展状况进行综合性评价

项目组幼儿园采用前期设计开发的在线幼儿成长档案袋《宁馨儿成长记》实现对幼儿发展的综合性评价。档案袋内容设计包括八大模块：基本信息、在园活动、家庭活动、幼儿作品、幼儿言语、纪念栏、成长报告和评语。以图文结合，穿插音频、视频的形式呈现，涵盖了档案袋评估所需要的全部信息与资料。该系统要求教师定期阅读，深入了解每名幼儿及其家庭对他的理解、期望和评价；家长随时查阅教师上传的信息，及时了解幼儿在园活动和班级工作情况，客观评价幼儿发展现状，主动配合教师完成保教工作计划。

通过构建在线幼儿成长档案袋的亲子活动以及在同伴中进行与档案相关的分享活动，幼儿再次成为评价的主体。

（四）以模糊等级评价方法评估幼儿发展水平

本项目组根据《3～6岁儿童学习与发展指南》中不同年龄段幼儿在不

同领域的典型性表表现，在张元老师主编的《儿童发展评估手册》（江苏教育出版社，2013 年出版）基础上，设计了幼儿发展测评建议（见本书附录）。建议包括幼儿园版和家庭版。幼儿园版的建议需要各园根据本园的课程内容进行相应修订。家庭版的内容较为通用，基本适合绝大多数家庭使用，但幼儿园应该对家长进行相关培训，以免家长误解误用。

操作方法是在幼儿周岁那一周进行集中观察，对观察对象的发展水平进行模糊等级评量，对比家长和教师的评价结果，寻找评价结果的异同并分析原因，确定家庭教育指导和个别化教育的方案。

附录1　小班幼儿发展评价手册

一、健康领域

身心状况篇

目标一　具有健康的体态

典型表现1：身高和体重适宜。

测评建议：幼儿园保健医生在幼儿生日这一周，给幼儿进行量身高、称体重、检查牙齿、测视力等在园内能完成的体检项目，结合学年体检、平时的健康状况进行简短评价与建议。

教师和家长根据幼儿的体检情况和医生建议，调整体育活动的内容和膳食营养搭配，建立良好的生活作息，促进幼儿身体健康。

典型表现2：在提醒下能自然坐直、站直。

测评建议：在日常生活中，通过要求幼儿腰挺直、头摆正、肩端平、眼睛平视、双手自然下垂或摆放等，来提醒幼儿保持正确的坐姿和站姿；通过美术活动、看书、进餐、做操、站立排队等，观察幼儿的坐或站的姿势。

目标二　情绪安定愉快

典型表现1：情绪比较稳定，很少因一点儿小事哭闹不止。

典型表现2：有比较强烈的情绪反应时，能在成人的安抚下逐渐平静下来。

测评建议：该目标中两条典型表现的测评可一起进行。

观察幼儿在一日活动中的情绪表现，以日常观察为主。如在晨间入园和亲人分离时观察幼儿的表现；在游戏中观察幼儿与其他幼儿相处的情况；在幼儿没有得到心爱的玩具、没能参加自己喜欢的活动时观察其情绪表现。

家长观察幼儿在身体欠佳、家里发生变故、和同伴发生争执矛盾以及向家人提无理要求被拒绝时的情绪状态。

幼儿在一日活动中随时可能因发生异常事情导致其情绪不佳（但不可刻意制造这样的情景逗撩幼儿，或故意编造负面事件，应避免伤害幼儿的感情），教师、家长应及时关注幼儿情绪反应较强烈时的表现，并予以积极引导，使其能在成人安抚下逐渐平静下来。

目标三　具有一定的适应能力

典型表现1：能在较热或较冷的户外环境中活动。

典型表现2：换新环境时情绪能较快稳定，睡眠、饮食基本正常。

典型表现3：在帮助下能较快适应集体生活。

测评建议：该目标中三条典型表现的测评可一起进行。

幼儿熟悉在园一日生活基本流程后，能在教师的提醒下有序地参加各项活动。教师可在某些环节观察幼儿的表现，如气温变化时，观察幼儿参加户外体育活动是否出现不适症状；在集体就餐、午睡中，观察幼儿的食欲是否正常、情绪是否安定愉快、能否较快入睡等。

家长可结合特别的家庭活动或在特殊状况下观察幼儿的适应性。如在搬家、外出度假、旅游、探亲访友、家庭中有外来人员留宿、给幼儿亲密照顾的人员离开等特别状况下，观察幼儿的睡眠、饮食、情绪是否基本正常，以判断其是否具有一定的适应性。

有些幼儿在测评周内早已适应了集体生活，测评时间并非夏季或冬季，也没有更换生活环境，这几条典型表现就需要成人根据以往幼儿的日常表现进行评判了。

动作发展篇

目标一　具有一定的平衡能力，动作协调、灵敏

典型表现1：能沿地面直线或在较窄的低矮物体上走一段距离。

测评建议：建议该项集中测评。

观察幼儿在早操时间排队进场或者参加体育活动时，是否能够自然地走。小班第一学期的早操多数是围成圆圈做操，较少直线排队进场，因此可以在晨间锻炼、户外体育活动时设置相应的锻炼项目以观察幼儿的直线行走姿势是否正确。走时上体正直，不低头，不东张西望；两臂在前后自然摆动，身体不摇晃。在体育游戏中，设置让幼儿走平衡木的部分，观察幼儿的姿态是否平稳、自然，下地时是否轻轻落地、不踩脚。

家长可以在家或社区和幼儿一起沿地板或地砖走直线，观察幼儿自然走的情形；在低矮的花基、田埂上行走，判断其平衡能力的发展状况。

典型表现2：双脚能灵活交替上下楼梯。

测评建议：日常观察幼儿上下楼梯的情形。

典型表现3：能身体平稳地双脚连续向前跳。

测评建议：建议该项集中测评。

在户外游戏"小兔跳""青蛙跳"等活动中，观察幼儿跳时身体的平衡和协调状态，要求起跳时手臂自然摆动，双脚轻轻落地。提醒幼儿双脚同时起跳和落下。

家长可以和幼儿一起玩向前跳的游戏，观察幼儿连续跳的能力。

典型表现4：分散跑时能躲避他人的碰撞。

测评建议：建议该项集中测评.

利用晨间锻炼、户外体育活动的时间观察幼儿表现。如让幼儿听信号改变方向跑，听口令向前、向后转跑，根据音乐节奏变化四散跑、追逐跑等。在"小孩小孩真爱玩""网小鱼"等体育游戏中，观察幼儿在折返时与同伴的避让情况，教师可提醒幼儿从同伴旁边绕过去。

家长在宽敞的广场上，观察幼儿奔跑时遇障碍物的避让情况。

典型表现5：能双手向上抛球。

测评建议：建议该项集中测评。

准备一些小一点的软球或橡皮球，供幼儿练习向上抛的动作，观察幼儿的动作。幼儿应两手捧球，身体略微向下蹲一点，同时双手用力向上抛，眼睛追随球的方向。可以尝试接球。

目标二　具有一定的力量和耐力

典型表现 1：能双手抓杠悬空吊起 10 秒左右。

测评建议：建议该项集中测评。

教师在户外活动时观察；家长可带领幼儿在社区的运动区域活动并观察，也可以由父亲伸出手臂让幼儿抓住后悬空吊起（建议在床上进行）。注意采取安全保护措施。

典型表现 2：能单手将沙包向前投掷 2 米左右。

测评建议：建议该项集中测评。

教师组织相关的投掷游戏，如"打败大灰狼""打怪兽"等，观察幼儿的投掷情况；观察幼儿在投掷时是否用力，是否双脚一前一后站、手臂用力在肩上挥动等。

晨间锻炼活动中安排扔沙包等游戏，有助于锻炼幼儿的手臂力量，也可作为观察与测评环节。

该项目主要由教师进行测评。家长有条件也可以在社区进行。

典型表现 3：能单脚连续向前跳 2 米左右。

测评建议：建议该项集中测评。

在游戏中观察幼儿单脚跳的动作，要求单脚站立保持平衡，跳的过程中动作连续、中途不换脚。为防止幼儿腿部疲劳，可在游戏中换脚练习。

典型表现 4：能快跑 15 米左右。

测评建议：建议该项集中测评。

在跑步活动中，让幼儿跟着成人跑，练习快速跑的能力。教师、家长要引导幼儿将手臂前后挥动起来，注意提醒幼儿合上嘴巴，防止空气直接进入呼吸道引起咳嗽。

典型表现 5：能连续行走 1 公里左右（途中可适当停歇）。

测评建议：幼儿园可以组织远足活动，进行观察。

建议家长在周末或旅行时，带幼儿到户外行走，有意识地观察幼儿行走的耐力，鼓励幼儿自己坚持走完 1 公里，不要大人抱。上学和离园回家如不超过 1 公里的距离，家长应该坚持让幼儿自己行走。该指标评价主要由家长完成。

目标三　手的动作灵活协调

典型表现 1：能用笔涂涂画画。

测评建议：该项测评可与语言领域的阅读与书写准备篇之目标三中的"具有书面表达的愿望和初步技能"，艺术领域的表现与创造篇之目标一中的典型表现 2 "经常涂涂画画、粘粘贴贴，并乐在其中"以及目标二中的典型表现 4 "能用简单的线条和色彩大体画出自己想画的人或事物"等一起集中进行。

提供纸笔等材料供幼儿涂鸦。

在美工活动区，教师可以提供有底图的大张纸和油画棒，供幼儿自由地涂涂画画，并请幼儿说说自己画的内容。

家长在家也要提供大一点的纸张，让幼儿大胆地涂画，注意幼儿握笔的姿势、使用的颜色、下笔的力度和眼睛与纸面的距离。

典型表现 2：能熟练地用勺子吃饭。

测评建议：关注幼儿握勺的姿势和使用勺子的技能，要求幼儿能独立就餐，不撒饭粒，把碗里的饭吃干净等。

典型表现 3：能用剪刀沿直线剪，边线基本吻合。

测评建议：建议该项集中测评。

教师在美工区或美术活动中观察幼儿。小班幼儿用剪刀需要慢慢锻炼，可以提供不同长度的直线（刚开始 5 厘米，随着幼儿用剪刀的能力增强，可以延长）让幼儿剪开。教师在彩色纸上画出一条条 5 厘米长的直线，让幼儿沿画好的直线将纸剪开，给"娃娃家"做门帘、窗帘。

小班下学期的幼儿已经会使用剪刀，可以开始尝试剪由直线构成的形状，如三角形、正方形、长方形，边线的长度也可有所增加。要求幼儿能连续张开、合上剪刀，会用对准线条接着剪的方法剪长线。

家长在家也可以和幼儿一起剪直的边线。如将白纸画上等距离宽的直线，和幼儿一起"剪面条"。

生活习惯与生活能力篇

目标一　具有良好的生活与卫生习惯

典型表型 1：在提醒下，按时睡觉和起床，并能坚持午睡。

测评建议：能保持有规律的生活，有良好的作息习惯。如早睡早起（家长观测），每天午休能按时入睡（教师观测）。

典型表现 2：喜欢参加体育活动。

测评建议：一日活动下来，教师可合理安排和调节幼儿的体育锻炼，观察幼儿是否喜欢参加体育活动。观测幼儿来到运动场地或看到运动器材时，能否迅速投入体育活动而不是旁观；活动时是否投入；运动一会儿，出汗了、气喘，或会舍不得休息，或会说"好累，休息一会儿"，但看到同伴在运动，又会站起来马上投入活动中去。

家长则可通过外出郊游或日常社区活动观察幼儿表现。

典型表现 3：在引导下，不偏食、挑食。喜欢吃水果、蔬菜等新鲜食品。

测评建议：通过就餐时观察幼儿的食欲和就餐情况来评定。教师通过餐前介绍菜品和营养价值，鼓励幼儿多吃新鲜蔬菜、水果等健康食品。

家长切不可因为幼儿不吃某种食品就不做，而应通过多样化的烹调方式改变幼儿对某些食物的反感，促使他对有营养的各种健康食物都能愉快进食。要增加食品的多样性，让幼儿每天吃新鲜蔬菜和水果，养成良好的饮食习惯。个别幼儿暂时不吃肉类，可以通过多吃坚果来提高其咀嚼能力。

典型表现 4：愿意饮用白开水，不贪喝饮料。

测评建议：观察幼儿每天的饮水量，鼓励幼儿多喝温开水。家长有目的地选择有价值的饮品，不喝或少喝饮料。可以提供牛奶、豆浆、鲜果汁、酸奶等，并且合理安排供给的顺序，如先喝白开水，后喝梨子汁，让幼儿有兴趣喝水，养成喝白开水的习惯。

典型表现 5：不用脏手揉眼睛，连续看电视等不超过 15 分钟。

测评建议：在日常活动中观察。及时制止、纠正幼儿用脏手揉眼睛的行为。幼儿园或家庭都不要为幼儿提供连续观看电视、手机、电子屏幕超过 15 分钟的机会与条件。教育幼儿爱护眼睛、保护视力。

家长尽量在幼儿面前不使用手机刷屏，少看电视，做好榜样。

典型表现6：在提醒下，每天早晚刷牙、饭前便后洗手。

测评建议：小班幼儿在成人的帮助下学习洗手，把手心手背洗干净，会用自己的毛巾擦手。教师可以结合关于洗手的儿歌，让幼儿一边念儿歌一边洗手，养成擦肥皂、搓手心手背、用自己的毛巾擦手的好习惯。教师观察幼儿在园一日生活中是否做到饭前便后洗手。

家长可以逐步放手让幼儿自己刷牙，观察幼儿刷牙的动作是否把上下牙和咬合面都刷到。家长在家也要提醒、督促幼儿饭前便后洗手，养成健康的生活习惯。

目标二　具有基本的生活自理能力

典型表现1：在帮助下能穿脱衣服或鞋袜。

测评建议：幼儿在幼儿园或家中睡觉和起床的时候，教师和家长观察幼儿是否愿意学习穿脱衣服、鞋子，能否自己解扣子、扣扣子，将衣服、鞋子放整齐。

无论是在班级还是家庭，为幼儿设置"娃娃家"，让幼儿为娃娃穿脱衣服、鞋袜、整理小床等，能培养幼儿的生活自理能力。

典型表现2：能将玩具和图书放回原处。

测评建议：该项测评可以和语言领域的阅读与书写准备篇之目标一中的典型表现3"爱护图书，不乱撕、乱扔"一起进行。

教师可以将幼儿的玩具、图书用容器装好，并贴上标签（可以将玩具、图书拍照贴成标签），让幼儿将标注好的玩具放回玩具柜里。游戏结束后留下5～10分钟的整理时间，教师带领幼儿将玩具和图书分门别类放回原处。

家长在家也应带领孩子整理房间，指导孩子物归原位。

目标三　具备基本的安全知识和自我保护能力

典型表现1：不吃陌生人给的东西，不跟陌生人走。

测评建议：该项测评可以和下面的典型表现3"在公共场所走失时，能向警察或有关人员说出自己和家长的名字、电话号码等简单信息"，社会领域的社会适应篇之目标三中的典型表现3"能说出自己家所在街道、小区（乡镇、村）的名称"一起集中进行。

教师可以和幼儿个别谈话。教师问幼儿："有一个不认识的叔叔要带你去玩，你会怎么办呢？""有一个不认识的叔叔或者阿姨给你一块巧克力，你会怎么办呢?"也可以设置情景:教师短暂离开,陌生人进入幼儿活动区域,提出带幼儿到外面去玩好玩的游戏,并给幼儿诱人的食物……观察幼儿的表现。

家长可以对幼儿讲述一个小朋友因为吃了陌生人给的东西而永远找不到爸爸妈妈的故事,然后讨论:陌生人给好吃的、好玩的东西怎么办?跟陌生人走吗?观察幼儿的反应。

通过教育,幼儿对"不吃陌生人给的东西,不跟陌生人走"有一定的认知,但大多数幼儿并不能体现在行动上,因此避免幼儿与陌生人单独在一起才是防止安全事故发生的有效办法。

典型表现2:在提醒下能注意安全,不做危险的事。

测评建议:日常生活中观察幼儿是否用手摸暖瓶、电扇、电灯、电源插座等危险物品,是否不玩火柴、刀子、玻璃片等危险物品,是否在大型器械上游戏时不把手伸向危险部位,等等。

家长平时注意把生活中的危险品放置在幼儿够不到的高处,让幼儿了解生活中开水、电、刀等的危险性。在成人的看护下,必要的时候让幼儿感受一下危险,如用手摸一摸稍烫的水,能有效避免因幼儿的好奇心而造成的伤害。

教师和家长切不可为测评故意激发幼儿的好奇心而诱导其做出危险动作。

成人要结合故事、阅读、情景教学等将安全知识传递给幼儿,让他们逐渐形成安全意识,不做危险的事情。

该项测评以日常观察得出结论即可,不必特意设置测评,避免激发幼儿的冒险行为。

典型表现3:在公共场所走失时,能向警察或有关人员说出自己和家长的名字、电话号码等简单信息。

测评建议:该测评可以和上面的典型表现1"不吃陌生人给的东西,不跟陌生人走",社会领域的社会适应篇之目标三中的"能说出自己家所在街道、小区(乡镇、村)的名称"一起集中进行。

教师提出问题,观察并记录幼儿的回答。教师问幼儿:"和妈妈一起到商店时,突然找不到妈妈,你应该怎么办呢?"参考答案:在原地等妈妈、找商店服务员给妈妈打电话、找警察,等等。并提问:"你妈妈叫什么名字?手机号码是多少?你爸爸叫什么名字?手机号码是多少?你家住在哪里?家里的电话号码是多少?"让幼儿记住家长的名字、电话号码、家庭住址等信息。

家长帮助幼儿记忆家庭主要成员的姓名、手机号码和家庭住址等信息（建议与幼儿一起填写"成长档案"中"家庭合影"栏目下的相关信息，并在平时随机与幼儿一起玩"你问我答"的游戏，帮助幼儿记忆，注意家长的姓名应该是全称），告诉幼儿在找不到爸爸妈妈的时候最好在原地不要走动，不跟陌生人走，也不要哭喊，看到警察叔叔或工作人员可以求助。平时外出时要求幼儿牵着爸爸妈妈的手，不随意离开，在爸爸妈妈的视线范围内活动。

　　幼儿园在组织外出活动以及家长带幼儿外出时，应尽最大可能避免与幼儿离散的情况，将安全隐患降到最低，防患于未然。

二、语言领域

倾听与表达篇

目标一　认真听并能听懂常用语言

典型表现1：别人对自己说话时能注意听并做出回应。

　　测评建议：观察幼儿与成人交流的反应。如教师晨间接待幼儿入园时，蹲下和幼儿面对面、手拉手、视线相触、互相问候，观察幼儿的目光能否和教师的目光交流，能否听懂教师的要求（如放书包、洗手等）。教师也可以通过问幼儿"今天谁送你来幼儿园的""今天想玩什么游戏"等问题，观察幼儿的回答是否和提问的内容相符合。

　　家长观察幼儿在亲子交谈时的表现。

典型表现2：能听懂日常会话。

　　测评建议：观察幼儿在日常生活中，能否听懂成人的语言所表达的意思。教师可以在日常生活中通过和幼儿个别谈话进行观察，也可以在发出指令后观察幼儿的反应。如请西瓜组的小朋友去拿区域活动卡，请女孩子去排队等，看他们能否听懂；也可以单独安排任务请幼儿完成，如"请你帮我把架子里面的积木拿来，谢谢"。

　　家长可在亲子阅读后提出问题让幼儿回答，了解幼儿听懂了多少。家长在家要多和幼儿进行交流、对话，创造让幼儿敢说、想说、会说的环境，以提高幼儿的语言能力。

目标二　愿意讲话并能清楚地表达

典型表现 1：愿意在熟悉的人面前说话，能大方地与人打招呼。

测评建议：在日常生活和教学活动中观察。

教师在日常的入园、离园活动中，观察幼儿和成人、同伴打招呼的表现。家长观察幼儿与邻居、亲朋好友、玩伴等人交往、交流时的表现情况。

典型表现 2：基本会说本民族或本地区的语言。

测评建议：在日常生活和教学活动中观察。

根据日常观察幼儿是否会说本民族语言或本地区方言，即少数民族幼儿在少数民族聚居地基本能说本地方言和少数民族语言；汉族幼儿基本会说本地方言和普通话。

典型表现 3：愿意表达自己的需要和想法，必要时能配以手势动作。

测评建议：在日常生活和教学活动中观察。

家长和教师要善于倾听幼儿的发言，鼓励幼儿表达自己的想法，当幼儿描述不清楚时，要帮助幼儿整理语言再重新讲述。家长可以让幼儿把发生的事情描述一遍，或者用"今天我们去哪里了？看到了什么"等问题来鼓励幼儿多说、多表达。

典型表现 4：能口齿清楚地说儿歌、童谣或复述简短的故事。

测评建议：该项测评可以和阅读与书写准备篇之目标一中的典型表现 2 "喜欢跟读韵律感强的儿歌、童谣"一起集中进行。

教师选择朗朗上口、有节奏、重复多的优秀文学作品，设计一次教学活动，供幼儿讲述和复述。

家长让幼儿把在幼儿园学会的儿歌、童谣和故事念一念、说一说，但不强求。家长可以在家和幼儿一起念儿歌、童谣，复述亲子阅读过的简短故事。

目标三　具有文明的语言习惯

通过日常活动观察幼儿是否能使用礼貌用语，在公共场合不大声说话，不说脏话、粗话。

典型表现 1：与别人讲话时知道眼睛要看着对方。

测评建议：观察幼儿在与教师、家长和同伴交流时眼睛注视的方向。

典型表现 2：说话自然，声音大小适中。

测评建议：教师鼓励幼儿在发言的时候要大声，在午睡的时候说话要轻声。家长可以在日常生活中观察幼儿讲话的声音，提醒幼儿在公共场合轻声说话。

典型表现3：能在成人的提醒下使用恰当的礼貌用语。

测评建议：在日常生活中留意幼儿的语言，如入园时问早、看见熟悉的人问好、要人帮忙时说"请"和"谢谢"、道歉时说"对不起"等。

幼儿学会使用礼貌用语需要成人在日常生活中自然的、习惯性的示范。有礼貌的家长和教师才能培养出有礼貌的幼儿。

阅读与书写准备篇

目标一　喜欢听故事，看图书

典型表现1：主动要求成人讲故事、读图书。

测评建议：观察幼儿在阅读区域和图书室的表现，如对图书是否感兴趣，是否喜欢随意翻看，是否会提出希望教师讲讲某本书或讲故事的要求。

家长在家根据幼儿对亲子阅读的要求进行观察评价，如是否经常性提出要成人讲故事、读图书。

典型表现2：喜欢跟读韵律感强的儿歌、童谣。

测评建议：该项测评可以和倾听与表达篇之目标二中的典型表现4"能口齿清楚地说儿歌、童谣或复述简短的故事"一起集中进行。

在日常儿歌、童谣的学习中，观察幼儿是否主动跟着成人念。在复习活动中，是否喜欢跟读，在游戏中能否自发地念，等等。

典型表现3：爱护图书，不乱撕、乱扔。

测评建议：该项测评可以和社会领域的社会适应篇中的"在成人提醒下，爱护玩具和其他物品"一起进行。

教师在幼儿阅读时进行观察，家长在家中或书店、图书馆等处观察幼儿对待图书的行为：阅读时是否能不撕不抢、不乱扔、不乱画，能否"送图书回家"。

目标二　具有初步的阅读理解能力

该目标中三条典型表现的测评可以通过阅读一本绘本集中完成。

典型表现1：能听懂短小的儿歌或故事。

测评建议：该项测评也可以和倾听与表达篇之目标二中的典型表现4

"能口齿清楚地说儿歌、童谣或复述简短的故事"一起集中进行。

教师在讲述完儿歌或故事后，进行简短的提问，了解幼儿听的情况。如讲完故事后，教师可以问幼儿："故事里面有哪些小动物？""发生什么事了？"了解幼儿对故事内容的理解程度。

家长在家进行亲子阅读活动时，通过提问或人物扮演来了解幼儿对故事的理解情况。

幼儿一般会用自己喜欢的方法如肢体动作，表现对故事的理解。教师和家长在讲述故事时，应尽量用故事原有的语言，不要随意改变故事的语言结构，并有意识地使用一些反映因果、假设、条件等关系的句子。

典型表现 2：会看画面，能根据画面说出图中有什么、发生了什么事等。

测评建议：进行看图讲述活动，引导幼儿学习观察画面的方法；提供绘本，供幼儿自由翻阅和讲述。测评时，给出一幅画面，让幼儿说说图中有什么、谁在做什么、发生了什么事，等等。

典型表现 3：能理解图书上的文字是和画面对应的，是用来表达画面意义的。

测评建议：成人在指导幼儿阅读时，通过多种形式让幼儿明白画面与文字间的关系，掌握这一阅读技巧。如当幼儿不明白画面意思的时候，成人可以说："让我看看，这里写的是什么？"测评时可以提问"猜猜这些字是说什么的"。幼儿说出来的语言和画面相关即可，不必与书上的原文一致。

目标三　具有书面表达的愿望和初步技能

典型表现：喜欢用涂涂画画表达一定的意思。

测评建议：该项测评可与健康领域的动作发展篇之目标三中的典型表现 1 "能用笔涂涂画画"，艺术领域的表现与创造篇之目标一中的典型表现 2 "经常涂涂画画、粘粘贴贴，并乐在其中"，以及目标二中的典型表现 4 "能用简单的线条和色彩大体画出自己想画的人或事物"等一起集中进行。

教师和家长可以观察幼儿是否喜欢用涂鸦或者绘画的方式表达自己的想法。教师和家长应提供让幼儿自由涂画的材料，鼓励幼儿在大张纸上用油画棒、水彩绘画，并说出自己画的内容。家长要鼓励幼儿大胆画画，切不可批评幼儿画得不像，更不能代替幼儿绘画。涂涂画画对于幼儿而言，是一种重要的表达甚至发泄的方式，成人切忌用绘画技能去要求、评价或否定幼儿，而是要尽最大的可能给幼儿提供便于涂涂画画的条件。

三、社会领域

人际交往篇

目标一　愿意与人交往

典型表现1：愿意和小朋友一起游戏。

测评建议：幼儿园应多为幼儿提供自由交往和游戏的机会，如区域活动、自选游戏等，鼓励幼儿自主选择、自由结伴开展活动，体验与同伴交往的乐趣。在日常生活中，观察幼儿是否对同伴主动发起的交往行为有积极的反应，和同伴游戏时是否有愉悦的情绪，是否有时愿意把自己高兴的事情告诉同伴们。

家长在家庭活动中，也需积极创造条件让幼儿与同龄或异龄小伙伴一起玩耍，并从中观察幼儿是否愿意和其他小朋友一起游戏。

典型表现2：愿意与熟悉的长辈一起活动。

测评建议：教师和家长要经常和幼儿一起游戏或活动，让幼儿感受到与成人交往的快乐。

教师在园观察幼儿是否不躲避教师，愿意与教师一起游戏。

家长在家庭活动中观察幼儿是否愿意与熟悉的长辈交流、交往，是否有兴趣和长辈一起活动。

目标二　能与同伴友好相处

观察幼儿在游戏中是否出现这些典型行为：在成人指导下，不争抢、不独霸玩具；与同伴发生冲突时，能听从成人的劝解。

典型表现1：想加入同伴的游戏时，能友好地提出请求。

测评建议：日常观察幼儿想参与同伴游戏时能否使用礼貌用语与同伴交流，如："请你和我一起玩好吗？""我可以和你一起玩吗？""我们一起玩吧。"

典型表现2：在成人指导下，不争抢、不独霸玩具。

测评建议：在区域游戏、角色游戏、友好家庭活动中，观察幼儿在面对自己喜欢的玩具或数量少的玩具时会不会用语言或动作和同伴争抢，是否一定要得到才满意。

对于幼儿自己的玩具（特别是对幼儿具有特殊意义的心爱之物），成人要尊重幼儿的决定，不要强求其进行分享。

典型表现 3：与同伴发生冲突时，能听从成人的劝解。

测评建议：家长和教师观察幼儿在与同伴发生矛盾后，能否向成人描述事情经过，能否在成人分析后分清对与错，并为自己的错误行为道歉，情绪逐渐平稳。

目标三　具有自尊、自信、自主的表现

典型表现 1：能根据自己的兴趣选择游戏或其他活动。

测评建议：观察幼儿在区域游戏、角色游戏中能否根据自己的兴趣进行选择；能否在角色游戏或区域游戏开始前明确地表达自己想参加的游戏，并在游戏中坚持一段时间，在区域游戏中持续 8～10 分钟。

家长在家庭活动中，也需考虑到幼儿的兴趣，安排适宜的、多样化的家庭活动，创造让幼儿根据自己的兴趣选择活动的环境与条件。

典型表现 2：为自己的好行为或活动成果感到高兴。

测评建议：当帮助同伴、关心集体或对自己完成的作品进行展示后，很乐意地接受成人的夸奖，心情愉悦；在幼儿园受到老师表扬后，回家会讲给家人听，希望大人赞许。

典型表现 3：自己能做的事情愿意自己做。

测评建议：教师在日常生活中观察幼儿在做力所能及的事情中的情绪表现和态度是否积极主动。

一般幼儿在幼儿园自己做的事情，回家不一定自己做，所以建议家长在家观察幼儿的实际表现情况。主要观察幼儿能否自己穿鞋袜，愿不愿意自己吃饭、刷牙、穿脱衣裤、洗手、喝水、上厕所等，有没有严重依赖大人的心理。

典型表现 4：喜欢承担一些小任务。

测评建议：通过擦椅子、帮长辈拿东西等活动，观察幼儿是否开心地接受教师或家长交给的任务并认真完成。

目标四　关心尊重他人

典型表现 1：长辈讲话时能认真听，并能听从长辈的要求。

测评建议：在讲述绘本故事《爷爷一定有办法》后，引导幼儿说说：

"爷爷的办法多不多?""你愿意听爷爷奶奶的话吗?""小朋友们在家为什么要听爷爷奶奶的话?"

日常观察幼儿在长辈(教师、家长等)说话时的表现,以及对长辈提出要求时的反应。

典型表现2:身边的人生病或不开心时能表示同情。

测评建议:可结合平时幼儿园同伴、教师、家庭其他成员生病或不开心时,幼儿的表现状况进行测评。也可设计教学活动进行集体测评。如:

情景表演"生病了"。小虎在吃饭的时候吐了,旁边的小明嫌弃地捂住鼻子说:"脏死了,臭死了。你真讨厌!"小贝却关心地问:"小虎,你不舒服吗?"然后告诉老师小虎的情况,请求老师帮助。他还帮小虎倒水漱口,扶着他去休息。教师提问:"你喜欢谁?为什么?"

观察苦恼的表情图片,教师或家长与幼儿讨论:这个小朋友最近生病了,不开心。你也生病不开心过吗?这时谁在你身边?家里的人、好朋友生病的时候,你会怎么做?

典型表现3:在提醒下能做到不打扰别人。

测评建议:幼儿在平时的生活中,如别人在看书、休息、工作的时候,知道不打扰别人。根据日常表现进行观察,主要由家长完成。

社会适应篇

目标一 喜欢并适应群体生活

典型表现1:对群体活动有兴趣。

测评建议:根据日常表现进行测评。

在参加一些群体性的活动时,能体会群体活动的乐趣。观察幼儿参加班级亲子活动、级组活动、混龄混班活动、全园性活动时的表现。

家长观察幼儿在参加亲戚、朋友或家长同事间的聚会以及适合幼儿参加的社区活动时,幼儿能否和不同群体的同伴一起游戏,情绪是否愉悦,是否在活动前就有期盼。

典型表现2:对幼儿园的生活好奇,喜欢上幼儿园。

测评建议:根据日常表现进行测评。

教师观察幼儿在园的情绪,特别是早上入园初的情绪状态。

家长每天和幼儿聊聊在幼儿园发生的事情，观察幼儿是否喜欢幼儿园，是否对上幼儿园充满期待，特别是周一、节假日后第一天的早上是否愿意上幼儿园。

目标二　遵守基本的行为规范

典型表现1：在提醒下，能遵守游戏规则和公共场所的规则。

测评建议：幼儿园的各类游戏都有规则，教师通过日常的游戏活动对幼儿进行观察测评。如区域游戏有人数和使用材料的规则，观察幼儿是否能按照要求进行区域活动。幼儿园也有公共场所，比如阅览室、户外活动区域，这些场所都有活动规则，在活动前告知幼儿相关活动场所的要求，观察幼儿是否能遵守。

家长从制定的家庭规则（如玩过的玩具收起来、按约定时间看电视、自己会做的事情自己做等）执行情况来观察幼儿的守规则状况。外出到公共场所时，家长应提前告知幼儿公共场所的活动规则，并提醒幼儿遵守。

典型表现2：知道不经允许不能拿别人的东西，借别人的东西要归还。

测评建议：对自己的物品和集体的物品以及同伴的物品有归属概念，如不小心错拿了别人的玩具，能在成人的帮助下归还，不私自拿别人的东西。如果想要玩他人的物品，会先跟他人商量。

典型表现3：在成人提醒下，爱护玩具和其他物品。

测评建议：该项测评可以和语言领域的阅读与书写准备篇之目标一中的"爱护图书，不乱撕、乱扔"一起进行。

在日常活动中观察幼儿是否爱护玩具、图书。观察幼儿有没有随意丢弃玩具，看书时有没有撕书的行为。家长在家需强调物品固定摆放的规则，及时纠正幼儿的不良行为，以养成幼儿整理物品及惜物的态度和习惯。

目标三　具有初步的归属感

典型表现1：知道和自己一起生活的家庭成员及其与自己的关系，体会到自己是家庭的一员。

测评建议：可以和幼儿念一念儿歌："爸爸的爸爸是爷爷，爸爸的妈妈是奶奶，妈妈的爸爸是外公，妈妈的妈妈是外婆。"帮助幼儿理解长辈与父母的关系，要求幼儿说说自己的家庭成员和自己的关系。家长可结合"幼儿成长档案"中的"个人信息""家庭合影""家庭活动""童言趣事""生日留念""家长手记""家长评价"等栏目的填写、上传照片等亲子活动，培养幼儿的家庭归属感。

该项测评主要由家长完成。家长可拿一张全家福的照片，逐一提问："这是谁?"以此了解幼儿是否知道和自己一起生活的家庭成员及其与自己的关系。照片可以是一起生活的家庭成员的合影。如幼儿对小家庭的成员关系很清晰，就可提供父母双方大家庭成员的照片，帮助幼儿理解更复杂的家庭成员关系，感受家族的血脉传承与亲缘关系。

典型表现2：能感受到家庭生活的温暖，爱父母，亲近与信赖长辈。

测评建议：多和幼儿一起游戏、谈笑，尽量在家庭和班级中营造温馨的氛围。父母尽可能多地陪伴幼儿，多进行亲子类的活动，如亲子阅读、亲子制作、亲子运动等，让幼儿感受到家庭的温暖。经常组织家庭活动，如亲友聚会、共餐、旅游等，让幼儿感受血浓于水的亲情。和幼儿谈谈长辈们为其做了些什么，学会感谢长辈。

"幼儿成长档案"中与家庭相关的栏目是建立亲子关系很好的平台，家长应与幼儿共同完成其内容的填充。

根据日常观察进行测评。教师观察幼儿平时与班任教师的关系。

典型表现3：能说出自己家所在街道、小区（乡镇、村）的名称。

测评建议：该项测评可以和健康领域的生活习惯与生活能力篇之中的典型目标三表现1"不吃陌生人给的东西，不跟陌生人走"，典型表现3"在公共场所走失时，能向警察或有关人员说出自己和家长的名字、电话号码等简单信息"一起进行。

通过"我爱我家""我们的社区"等活动，让幼儿了解并说出自己家所在街道、小区（乡镇、村）的名称。

在家玩亲子游戏，爸爸扮演警察，幼儿扮演迷路的孩子。妈妈讲述故事情节：一个迷路的孩子找不到家了，他遇见警察叔叔，请警察叔叔帮他找到自己的家。警察叔叔问："小朋友，你叫什么名字？你爸爸是谁？电话号码是多少？我打电话让他来接你吧。""哦，他的电话没人接，你妈妈叫什么名字？她的电话是多少？""哦，她的电话可能信号不好，没有接通，你家住在哪里啊？你把地址告诉我，我送你回去。"

典型表现4：认识国旗，知道国歌。

测评建议：建议该项集中测评。

利用电视节目或参加升旗仪式、主题教育活动等，认识国旗，知道国歌，了解观看升旗、奏国歌时应遵守的礼仪。

播放奏国歌、升国旗的场景录像。看完后出示国旗图片，提问："这是什么？叫什么名字？有几颗星星？是什么颜色的？能不能随便改变星星的大小、位置？能不能增加或减少星星的数量？国旗是什么颜色，能不能改变这种颜色？国旗是什么形状的，能不能改变这种形状？""你在哪里看见过国旗？""升国旗的时候，大家是怎样做的？"

听国歌，提问："这是什么歌？"（能回答出是"中国的国歌"即可）"你听起来有什么感受？""你在什么时候听到国歌？""听到国歌奏响的时候，我们应该怎么做？"

家长可以利用图书或网络下载的照片让幼儿在众多国旗中指认出中国国旗，也可以一起听《义勇军进行曲》。

四、科学领域

科学探究篇

目标一　亲近自然，喜欢探究

典型表现1：喜欢接触大自然，对周围的很多事物和现象感兴趣。

典型表现2：经常问各种问题，或好奇地摆弄物品。

测评建议：该目标的两条典型表现可以和目标二中的典型表现1"对感兴趣的事物能仔细观察，发现其明显特征"一起测评。

观察幼儿平时能否发现周围的事物的变化，如小草的变化、树叶的变化、天气的变化等。

在科学区投放一些材料如园外生活中特征较明显的动植物或无生命物质，供幼儿操作，观察幼儿是否有兴趣摆弄它们，能否提出一些问题。

带幼儿到草地上活动，看看幼儿对花草树木、昆虫等的发现情况，看看幼儿有没有手拿树叶、能否进行捉蚂蚁等的尝试，提出自己的问题或和同伴、教师、家长讨论自己的发现。

家长观察幼儿是否更愿意在自然环境中游玩，并对环境中的很多事物和现象感兴趣，经常问："这是什么？""它怎么了？"

目标二　具有初步的探究能力

典型表现1：对感兴趣的事物能仔细观察，发现其明显特征。

测评建议：该项测评可以和目标一中的典型表现1"喜欢接触大自然，

对周围的很多事物和现象感兴趣"以及典型表现2"经常问各种问题，或好奇地摆弄物品"一起测评。

观察幼儿是否对周围事物敏感，是否对身边常见事物、现象的特点及变化感兴趣，是否会对某一物体或现象进行观察。

教师可组织"小眼睛新发现"活动，要求幼儿向大家报告自己的新发现。如家里买了新家电，教师请幼儿回家注意观察家电的外形、家电应该怎样使用、用起来有什么效果。可以连续几天进行观察并报告。

家长带幼儿散步时提醒幼儿观察某一植物的连续变化，如某种树从开花到结果的过程，或某种花卉从结蕾到盛开直至凋零的过程。可以和幼儿一起在家进行种植和饲养活动，以丰富幼儿的探究内容，培养其观察习惯。

典型表现2：能用多种感官或动作去探索物体，关注动作所产生的结果。

测评建议：建议该项集中测评。

观察幼儿能否运用感官或动作去探索物体，通过尝、看、听、摸、嗅等手段知道物体有软硬、粗糙光滑、会发出不同声音等特征，并能大胆地说出自己的发现。如游戏"橘子娃娃"：每人发一个橘子。教师提问："看看橘子是什么形状的？什么颜色？""闻一闻，橘子是什么气味的？""用小手摸摸、捏捏橘子，有什么感觉？""我们来尝尝，橘子是什么味道的？"

家长和幼儿一起吃水果时也可以采取以上方式，让幼儿尝试用多种方式去探索物体。

目标三　在探究中认识周围事物和现象

典型表现1：认识常见的动植物，能注意并发现周围的动植物是多种多样的。

测评建议：可以和典型表现4一起进行集中测评。

在图书区投放植物类、动物类的图书，供幼儿日常翻阅、辨认，让幼儿认识和区分动植物，请幼儿看图说说不同动物的区别。如教师用小动物图片（小兔子、孔雀、小猴子、小猫、小狗、小鸟等）提问："这是谁？""你在哪里见过这些小动物？"看植物图片（如含羞草、仙人掌、芦荟、捕蝇草等），知道含羞草的叶子被人一碰，马上就会收起来；仙人掌在茎中储存水分，在缺水的情况下也能生存下来；芦荟可以吃，还可以美容；捕蝇草的叶子可以合拢，捕捉小虫非常方便。

在日常活动中，教师应引导幼儿认识幼儿园内的动植物；家长引导幼儿认识家庭所在社区的常见动植物。城市家庭可以带孩子到动植物园、公园去认识动植物。农村家庭通过家庭喂养、种植、做农活等生活让幼儿认识常见动植物。

典型表现2：能感知和发现物体和材料的软硬、光滑和粗糙等特性。

测评建议：建议该项集中测评。

通过"奇妙的口袋""魔法罐"等游戏测评幼儿的感觉发展水平。成人提供小口袋或罐子（里面分别装特征不一样的物品，如海绵、棉花、积木等），让幼儿"用手摸一摸，捏一捏，说说你的感觉，再猜猜自己摸的是什么"。幼儿拿出来看一看猜得对不对，并说说这个物品的特性，如软硬、光滑或粗糙等。

典型表现3：能感知和体验天气对自己生活和活动的影响。

测评建议：利用班级的天气播报环节让幼儿感知天气，知道天冷了要添加衣服，到户外要戴帽子、手套等来御寒；夏天要降温，否则会中暑、生病。可以利用雨天、雪天让幼儿仔细观察，说说天气对自己生活和活动的影响。

家长平时注意每天向家人报告一下第二天的天气情况，气温骤变的时候要提醒大家增减衣物。

典型表现4：初步了解和体会动植物和人们生活的关系。

测评建议：可以和典型表现1一起进行集中测评。

可以提供一些动植物图片或玩具，让幼儿说说动植物与人们的关系。让幼儿了解人们为什么要喂养许多动物，人们为什么要种植植物（包括种植瓜果蔬菜等）。

数学认知篇

目标一　初步感知生活中数学的有用和有趣

典型表现1：感知和发现周围物体的形状是多种多样的，对不同的形状感兴趣。

测评建议：该项测评可以和目标三中的典型表现1"能注意物体较明显的形状特征，并能用自己的语言描述"一起集中进行。

幼儿能用各种感官认识周围物体的形状，对不同的形状感兴趣。成人要随机、及时帮助幼儿建立对基本图形如圆形、三角形、正方形等的认知。小班下

119

学期可以视幼儿的兴趣和认知水平增加对长方形、椭圆形、梯形的感知。

教师在益智区投放形状配对的游戏材料，让幼儿把有形状的瓶子、盒子放在底板的图形上，看看幼儿放得对不对。

家长提问："看一看，找一找，家里哪些东西是圆形？哪些东西是三角形？哪些东西是正方形？"

典型表现 2：体验和发现生活中很多地方都用到数。

测评建议：建议该项集中测评。

知道生活中用数字做标识的事物，如电话号码、时钟、日历和商品的价格标签等。教师提问："你的生日是哪一天？你几岁了？你们家的门牌号码是多少？"等，引导幼儿说出数用在不同的地方，表示的意义是不一样的。如生日表示时间，岁数表示年龄，门牌号码表示地址等。也可以鼓励幼儿尝试使用数的信息进行一些简单推理，如知道今天是星期五，能推断明天是星期六，爸爸妈妈会休息。

家长提问："找一找，我们家里什么东西上面有数字，是什么意思？"

目标二　感知和理解数、量及数量关系

典型表现 1：能感知和区分物体的大小、多少、高矮、长短等量方面的特点，并能用相应的词表示。

测评建议：建议该项集中测评。

幼儿能按照物体的大小、多少、高矮、长短给一组物体排序。

教师或家长提供一组高矮、大小、粗细、长短不同的物品，让幼儿说说它们有什么不同。注意提供的这组物体只能在某一方面不同，其他方面要一致，如铅笔粗细一样，花纹一样，只是长短不同，让幼儿先说说它们的不同，再排序。

创设游戏情景，提出问题。如"排队"游戏：请幼儿给一组物品排队。让幼儿找出一组物品，然后按大小或长短、高矮排一排，说一说；要求幼儿能较准确地使用形容词（如大的、小的、最小的，长的、短的、最短的，高的、矮的、最矮的……）。

典型表现 2：能通过一一对应的方法比较两组物体的多少。

测评建议：建议该项集中测评。

对"多少"的概念，大多数幼儿的学习策略是"一一对应"后的比较，而不是目测给出总数进行数大小比较而得出的结论。

成人将数量不相同的两组物品放在两边，如 3 块红色积木（或苹果）和

5块蓝色积木（或香蕉），让幼儿说一说红色积木和蓝色积木（苹果和香蕉）分别有几块，哪种多，哪种少。当幼儿不能回答两组物品的多少时，成人应该将两组物品进行一一对应式的摆放，并手指点数，引导幼儿感受物品的多少及数的大小。

典型表现3：能手口一致地点数5个以内的物体，并能说出总数，能按数取物。

测评建议：建议该项集中测评。

成人准备好5本书（或玩具），让幼儿数一数有几本（或几份），观察幼儿在数的时候是不是点一本数一下（一边用手指点物品，一边口中数数"1、2、3、4、5"，要求手口一致），然后说出总数。最后要求幼儿拿3本（份）送回书架（或玩具柜），看看幼儿拿的数量是否正确（即按数取物）。

典型表现4：能用数词描述事物或动作，如"我有4本图书"。

测评建议：建议该项集中测评。

成人提供图片，如图上有5只小鸟在飞、4个小朋友在玩游戏、3只小猫在睡觉等，让幼儿描述。

目标三　感知形状与空间关系

典型表现1：能注意物体较明显的形状特征，并能用自己的语言描述。

测评建议：该项测评可以和目标一中的典型表现1"感知和发现周围物体的形状是多种多样的，对不同的形状感兴趣"一起集中进行。

提供外形特征较明显的物品，如球状、方形、三角形的物品，让幼儿将具有同样形状特征的物品放在一起，并用语言描述（如这些都是圆的，这些都是三角形的）。

典型表现2：能感知物体基本的空间位置与方位，理解上下、前后、里外等方位词。

测评建议：建议该项集中测评。

观察幼儿能否指出物体空间位置以及物体之间的相对位置，能否回答某一物在另一物的什么方位。如成人指着桌子上面的小汽车问："小汽车在哪里？"（小汽车在桌子上）"小凳子在哪里？"（小凳子在桌子下面）爸爸妈妈和幼儿一起排队，幼儿在中间，问："爸爸在宝宝的前面还是后面？妈妈在哪里？"果盘里放若干苹果，盘子外放若干雪梨，问："苹果在哪里？雪梨在哪里？"……

五、艺术领域

感受与欣赏篇

目标一　喜欢自然界与生活中美的事物

典型表现 1：喜欢观看花草树木、日月星空等大自然中美的事物。

典型表现 2：容易被自然界中的鸟鸣、风声、雨声等好听的声音所吸引。

测评建议：该目标中 2 条典型表现的测评可一起进行。

在日常生活中，观察幼儿是否喜欢观看花草树木、日月星空等大自然中美的事物；观察幼儿对自然界各种声音的反应，如流水与滴水之声、虫鸣鸟叫之声、风声雨声、树叶作响之声等，观察他们是否对这些声音敏感，易于被吸引。

在幼儿园的生物园地、种植区、班级自然角或公园的树林里，观察幼儿对周围植物、小动物的兴趣。

家长带幼儿欣赏天上的云彩，雨天看下雨，晴朗的夜晚观看天上的星辰、月亮……观察幼儿是否对这些自然现象感兴趣；在社区散步时，观察幼儿是否容易被环境中的花草树木、虫鸣鸟叫所吸引。

幼儿能否感受大自然的美，需要成人的引领。家长应尽量多带幼儿到自然环境中活动，有意识地引导幼儿关注和感受自然物、自然现象、自然之声的美妙与神奇。

目标二　喜欢欣赏多种多样的艺术形式和作品

典型表现 1：喜欢听音乐或观看舞蹈、戏剧等表演。

测评建议：在日常活动中观察幼儿是否喜欢音乐。节庆活动时，观察幼儿能否在短时间内集中注意力倾听或安静地欣赏、观看舞蹈等表演。

有条件的话，家长可带幼儿到表演现场看童话剧、音乐剧等（不是通过电视观看），以丰富幼儿的体验。观察幼儿在看的过程中是否感兴趣，是否看懂，注意力集中的时间长短等。

典型表现 2：乐于观看绘画、泥塑或其他艺术形式的作品。

测评建议：提供一些绘画、泥塑或其他艺术形式的作品供幼儿欣赏，观察其能否用语言、表情和动作表现对作品的理解和想象。教师可以提问："图中（泥塑中）的人（物）是什么样子的？在干什么？你从哪里看出来的？"

家长可经常带孩子到美术馆、博物馆去参观，欣赏不同艺术形式的作品展览，感受绘画、美工制作、泥塑、摄影等艺术形态的美，让幼儿找一找自己最喜欢的作品，说说美在哪里。

表现与创造篇

目标一 喜欢进行艺术活动并大胆表现

典型表现1：经常自哼自唱或模仿有趣的动作、表情和声调。

测评建议：在音乐韵律活动中，观察幼儿是否自己尝试新动作。观察幼儿在园、在家自由活动时，是否会自主哼唱歌曲，是否能够进行表演唱等。

提供幼儿较熟悉的音乐，供幼儿借助已有的生活经验，模仿一些有趣的动作。如提供《小动物走路》的音乐，让幼儿边唱歌词边模仿小动物的动作，可提醒幼儿注意表情和声调。

典型表现2：经常涂涂画画、粘粘贴贴，并乐在其中。

测评建议：该项测评可与语言领域的阅读与书写篇之目标三中的典型表现"具有书面表达的愿望和初步技能"，健康领域的动作发展篇之目标三中的典型表现1"能用笔涂涂画画"及本篇的目标二中的典型表现4"能用简单的线条和色彩大体画出自己想画的人或事物"等一起集中进行。

在区域活动中，提供纸、油画棒、胶棒、彩色纸片、糨糊等材料，供幼儿涂画、粘贴；可在美工区设立大幅版面，供幼儿随意地自由涂画，还可提供画好的物品供幼儿涂色等。

游戏情景：在"彩色饼干屋"的游戏中，让幼儿将彩色纸撕成小块，粘贴在一部分硬纸板做的"饼干"上，另一部分"饼干"以涂色的方式制作成彩色的。成人观察幼儿粘贴、涂画的技能，使用糨糊的情况，并观察幼儿参与活动的兴趣等。

家长在家庭中尽量创造条件让幼儿能自由地涂涂画画、粘粘贴贴，让幼儿感受美术活动的乐趣。

目标二 具有初步的艺术表现能力与创造能力

典型表现1：能模仿学唱短小歌曲。

测评建议：建议该项集中测评。

观察幼儿能否用自然的声音演唱歌曲，能否用声音唱出强弱拍。如唱出歌曲《大猫小猫》；又如在学习歌曲后，请幼儿唱一唱这首歌，感受幼儿演唱的音量、节拍，如果个别幼儿胆小，可与 3~5 个幼儿一起唱。

家长在家庭中可播放一些短小的儿童歌曲，和孩子一起学唱，并设计一些有趣的亲子游戏，在游戏中边唱边玩。

典型表现 2：能跟随熟悉的音乐做身体动作。

测评建议：建议该项集中测评。

播放幼儿早操韵律操的音乐，观察幼儿在没有带操人的情况下，身体能否随节奏做出协调的动作，动作可以和早操不一样，协调、有节奏即可。

家长提供一段幼儿熟悉的歌曲（歌词应便于幼儿做出动作），观察幼儿能否按歌词跟随音乐节奏做出相应的动作。

典型表现 3：能用声音、动作、姿态模拟自然界的事物和生活情景。

测评建议：建议该项集中测评。

准备牙刷一支，表现刷牙、洗脸、梳头等内容的图片若干，《生活模仿动作》的音乐。播放音乐，师幼边听音乐边做仿编的动作。

在家里给幼儿一个圈并设置一条道路，请幼儿当小司机开汽车，家长给出相应的信号，如红灯亮了，绿灯亮了，小汽车休息了，小汽车加油啦，小汽车洗澡了……观察幼儿的反应。

还可以让幼儿用身体语言表现小草发芽了、花开了、风吹来了、树枝摇摆了等自然现象。

典型表现 4：能用简单的线条和色彩大体画出自己想画的人或事物。

测评建议：该项测评可与语言领域的阅读与书写篇之目标三中的典型表现"具有书面表达的愿望和初步技能"，健康领域的动作发展篇之目标三中的典型表现 1"能用笔涂涂画画"及本篇目标一中的典型表现 2"经常涂涂画画、粘粘贴贴，并乐在其中"等一起集中进行。

提供纸、油画棒供幼儿绘画，观察幼儿是否能大体画出自己想画的人或事物。只需要画出来的人或事物抓住了想画的对象的某些特征即可，不追求形象。一般需要幼儿在画完后进行解释，方可判断。

附录2 中班幼儿发展评价手册

一、健康领域

身心状况篇

目标一 具有健康的体态

典型表现1：身高和体重适宜。

测评建议：幼儿园保健医生在幼儿生日这一周，给幼儿进行量身高（坐高）、称体重、检查牙齿、测视力等在园内能完成的体检项目，结合学年体检、平时的健康状况进行简短评价与建议。

教师和家长根据幼儿的体检情况和医生建议，调整体育活动的内容和膳食营养搭配，建立良好的生活作息与习惯，促进幼儿身体健康。

典型表现2：在提醒下能保持正确的站、坐和行走姿势。

测评建议：通过日常活动观察幼儿行走时的体态：身体正直、挺拔，手臂摆动有力，踏步动作与手臂摆动协调。站立时双脚自然分开，腿部和身体正直，头部向前看。也可以在幼儿做徒手操的过程中观察幼儿站立和行走的动作。注意幼儿腰部正直，特别注意幼儿在阅读和绘画活动中的用眼距离。

目标二 情绪安定愉快

典型表现 1：经常保持愉快的情绪，不高兴时能较快缓解。

测评建议：在日常生活中观察幼儿的情绪是否以愉快为主。当幼儿与同伴或与家人发生不愉快时观察其情绪反应，是否能在较短时间内调整情绪，或者将注意力转移到其他游戏中。

成人不可为测评而人为设置不愉快的事件或情景。

典型表现 2：有比较强烈的情绪反应时，能在成人提醒下逐渐平静下来。

测评建议：在日常生活中，了解引起幼儿情绪反应的事件，观察幼儿在成人劝解、别人道歉后的情绪波动情况，是否能比较快地恢复平静。

偶尔的发泄有利于幼儿的身心健康，允许他们用没有伤害后果的行为表达负面情绪。成人在幼儿发泄完后，需要进一步安慰、引导。

典型表现 3：愿意把自己的情绪告诉亲近的人，一起分享快乐或求得安慰。

测评建议：日常观察幼儿是否愿意把自己高兴的事、生气的事、感到惊奇的事等告诉好朋友或亲近的人，能否与人分享自己的情绪。

谈话活动：君君今天来幼儿园后一直不高兴，不和老师说话，也不和小朋友一起玩，怎么办呢？教师引导幼儿说出当自己的情绪不愉快时，应该怎样调解情绪。比如可以告诉好朋友，告诉爸爸妈妈或老师，也可以找一件自己最喜欢的事情做等。

家长在家可以常问："今天在幼儿园开心吗？发生了什么事情？"和幼儿交谈幼儿园里的一些事，以观察幼儿的情绪如何，并为高兴的事情表示喜悦与欣赏，为不愉快的事情开导、安慰幼儿。

目标三 具有一定的适应能力

典型表现 1：能在较热或较冷的户外环境中连续活动半小时左右。

测评建议：在寒冷的冬季和炎热的夏季，观察幼儿进行户外锻炼的情况：幼儿在冬季是否出现打喷嚏、寒战或者缩手缩脚不参与运动的情况，在夏季是否出现大汗淋漓、精神不振的状态；能否坚持半小时的户外锻炼。如果是在春、秋季测评，教师和家长根据上一个季节中幼儿的表现进行相应评价。

典型表现 2：换新环境时较少出现身体不适。

测评建议：观察幼儿在更换幼儿园、去外地旅游、回老家生活一段时间或者搬家等情况下，情绪是否愉快，生活作息是否能保持，饮食、睡眠是否变化，身体是否健康。特别观察幼儿的心理状态，是否对某个成人特别依恋，是否出现哭闹、自责、反复讲相同的话等现象。该项测评主要由家长完成。

典型表现 3：能较快适应人际环境中发生的变化。如换了新老师能较快适应。

测评建议：可以观察幼儿在换了新教师后能否较快适应，能否较快接纳新教师，并较快适应新教师的常规要求。教师可以与家长交流，了解幼儿在更换新教师后的情绪反应。

家庭中成员更换（包括保姆）后，幼儿是否能较快接纳新成员。

动作发展篇

目标一　具有一定的平衡能力，动作协调、灵敏

典型表现 1：能在较窄的低矮物体上平稳地走一段距离。

测评建议：建议该项集中测评。

日常观察幼儿在体育游戏中是否能平稳地走过平衡桥，要求走的时候身体不左右摇晃，从平衡木上下来时双脚轻轻落地走下来。

游戏情景："小猴种桃"。教师说："妈妈在前面的桃园里种了许多桃树，今天你们帮妈妈去桃园浇水好吗？去桃园有四条小路，每条路上都会有一座不一样的'小桥'，你们每人拿一瓶装满水的饮料瓶，自己选择一条小路走到桃园给桃树浇水，然后踩着桥边的'石头'回家。不能走到小路、'小桥'和'石头'以外的地面。"（四条小路分别是高低宽窄不同的平衡木，宽度为 20 厘米和 30 厘米，高度也分别是 20 厘米和 30 厘米）

家长可以观察幼儿走在路牙时的情形。

典型表现 2：能以匍匐、膝盖悬空等多种方式钻爬。

测评建议：建议该项集中测评。

能钻过离地 60 厘米高的松紧带，会正钻、侧钻的技能。会在垫子上匍匐、膝盖悬空钻爬，身体协调灵活。

游戏情景：一起玩"闯关游戏"。第一关，钻高山洞，用正面钻、侧面钻、手脚爬的方法钻过高的山洞。第二关，钻矮山洞，用匍匐爬的方法降低身体高度钻过山洞。第三关，钻各种山洞，幼儿从高低不同的山洞下钻过。

家长在家可以用桌子当山洞，玩火车钻山洞的游戏，观察幼儿是否会用匍匐、膝盖悬空等方式钻爬。

典型表现 3：能助跑跨跳过一定距离，或助跑跨跳过一定高度的物体。

测评建议：建议该项集中测评。

观察幼儿助跑跨跳的动作。应先跑动起来，然后单脚发力腾空跳，双臂自然向前摆，落地轻柔继续跑。动作具有连贯性和协调性。

游戏情景："小鲤鱼跳龙门"。准备：小鲤鱼头饰，场地一端设置各种障碍物作为龙门（如并列摆放的彩色纸条、离地 35 厘米高的皮筋上挂些小铃、体操凳）。玩法：全体幼儿当小鲤鱼，教师当鲤鱼妈妈。游戏开始，"小鲤鱼"跟在"妈妈"后面边游边唱儿歌："鲤鱼鲤鱼水里游，摇摇尾巴点点头，游来游去真高兴，我们都是好朋友。""鲤鱼妈妈"说："钻到河底找一找。"幼儿弯腰做找食的样子。"妈妈"又说："伸出头来瞧一瞧。"幼儿踮起脚做向上游的动作。"妈妈"说："龙门到了，跳过去！"幼儿跑到设置的各种障碍物前，每人选一障碍物跳过去。之后幼儿可以自由地游，也可以再跳过其他障碍物。

该项测评主要由教师完成。

典型表现 4：能与他人玩追逐、躲闪跑的游戏。

测评建议：建议该项集中测评。

在体育游戏中，培养幼儿运动的协调感和动作的敏捷性，以及活动中的自我保护意识，能注意安全。

户外活动时，玩"揪尾巴"的游戏，幼儿在一定范围内追逐跑，捉同伴身后的"小尾巴"。还可以玩"老狼老狼几点了"，注意观察幼儿是否能与他人追逐玩、躲闪跑。

家长和幼儿在阳光好的天气里，玩"踩影子"的游戏。亲子互相追逐对方的影子，同时躲避对方，不让对方踩到自己的影子。（最好是 3~4 人）

典型表现 5：能连续自抛自接球。

测评建议：建议该项集中测评。

有连续自抛自接球的技能，能往上用力将球抛过头顶，手臂伸出，球落下时双手接住球。观察幼儿的手眼协调能力是否得到了发展。中班上学期不规定往上抛球的高度，以抛低球为主。

目标二　具有一定的力量和耐力

典型表现 1：能双手抓杠悬空吊起 15 秒左右。

测评建议：建议该项集中测评。

教师可利用幼儿园大型玩具上的抓杠让幼儿悬空吊起，观察幼儿能否吊起 15 秒左右。建议家长带领幼儿在小区的运动区域活动时观察，注意安全保护措施。

典型表现 2：能单手将沙包向前投抛 4 米左右。

测评建议：建议该项集中测评。

利用户外活动时间，观察幼儿手臂用力投掷的活动情况，如扔沙包、扔小飞机、投火箭、飞彩球等。

游戏情景："赶跑大灰狼"。教师："大灰狼听说三只小猪要在这里盖新房，就到这儿来抓三只小猪啦！我们帮帮小猪吧。"将大灰狼图片贴在 4 米外的墙壁上，让幼儿用力将手中的沙包投向"大灰狼"。

家长平时带幼儿进行投标比赛游戏，观测幼儿投抛的能力。

典型表现 3：能单脚连续向前跳 5 米左右。

测评建议：建议该项集中测评。

观察幼儿在单脚连续跳的过程中，腿部是否弹跳有力，向前跳的幅度以及动作的协调感和身体的平衡感如何。

游戏情景 1："小兔回家"。一只小兔子在山坡上吃草，一不小心，它摔了一跤，把一只脚扭伤了，她想回家去，这只受伤的小兔是怎么回家的呢？一只脚跳回家的。让幼儿扮成小兔子，一只脚跳回 5 米外的"家"。

游戏情景 2："跳格子"。准备：5 米见方的地上画有格子图。教师说："这是什么？像房子一样的，有许多的格子，每个格子里还有数字呢，肯定很好玩。我先来试一试，你们看看老师是怎么玩这个格子游戏的。要按数字的顺序一个一个跳，跳的时候不能踩到线。你们会吗？"幼儿尝试跳格子。教师观察幼儿是否能单脚连续从这端向前跳到那端。

家长可以在家或社区，和幼儿一起利用地砖进行"跳格子"的游戏。

典型表现 4：能快跑 20 米左右。

测评建议：建议该项集中测评。

能听到信号快跑。

游戏情景："小鸡快跑"。在场地四周布置小树林（可乐瓶），离孩子 20

米左右远。教师说:"今天天气真好,小鸡们跟着妈妈到草地上练本领吧!听说有几只老鹰就要从这里飞过,等会儿你们听到妈妈发'老鹰来了'的信号时,就要赶快绕过树林躲起来,不要让老鹰捉住。"教师请四名幼儿扮老鹰。"鸡妈妈"根据"老鹰"的行动不断地发出信号,"小鸡们"根据信号做散步或越过障碍躲藏的动作。当"老鹰"捉到两三只"小鸡"时,"小鸡"与"老鹰"对换角色。

亲子游戏:"老狼老狼几点钟"。家长扮演老狼,幼儿扮演小动物跟在"老狼"后面走。幼儿问:"老狼老狼几点啦?"老狼说:"一点啦!"老狼依次回答"两点啦、三点啦……"当老狼回答"天黑啦"时,幼儿扮演的"小动物"迅速返身往回跑到20米外的"家"。

典型表现 5:能连续行走 1.5 公里左右(途中可适当停歇)。

测评建议:组织幼儿外出参观时,或家长利用周末、假期带幼儿外出时注意观察幼儿的耐力。家长尽量带幼儿在节假日到自然环境中远足,锻炼幼儿的耐力。

该项测评主要由家长完成。

目标三 手的动作灵活协调

典型表现 1:能沿边线较直地画出简单图形,或能将边线基本对齐地折纸。

测评建议:建议该项集中测评。

准备一些简单、有图案的废旧材料让幼儿练习。如提供旧的报纸、杂志、广告纸,让幼儿剪下其中的图形。鼓励幼儿将自己认识的图形宝宝画下来,观察幼儿绘画的图形是否形象;让幼儿折纸飞机,学习看图折纸,观察幼儿是否能边对边整齐地折。

游戏情景:折纸"手风琴"。看幼儿是否能将边线基本对齐地折纸。

典型表现 2:会用筷子吃饭。

测评建议:观察幼儿进餐时用筷子的情况,看幼儿是否能正确使用筷子,是否能较熟练地夹菜吃饭。家长应多鼓励幼儿使用筷子。

典型表现 3:能沿轮廓线剪出由直线构成的简单图形,边线吻合。

测评建议:建议该项集中测评。

提供一张有颜色的形状图片,上面有方形、三角形、长方形、菱形。让幼儿把图形沿边线剪下来,在纸上拼贴成一幅画,并说一说画的内容(可拼成房子、小花、跷跷板等）。观察幼儿在剪的过程中是否沿着图形的边线剪，在剪长边时是否能剪直。

生活习惯与生活能力篇

目标一 具有良好的生活与卫生习惯

典型表现1：每天按时睡觉和起床，并能坚持午睡。

测评建议：教师观察幼儿在园午睡的习惯，家长在家观察幼儿早晚是否能按时睡觉、起床，能否坚持午睡。为培养幼儿良好的作息习惯，家长应该以身作则，早睡早起，坚持午睡。

典型表现2：喜欢参加体育活动。

测评建议：在一日的各项体育活动（如晨间体育锻炼、早操、户外体育游戏、玩大型玩具、散步等）中，观察幼儿参与体育活动的兴趣、积极性和精神状态。

家长在带孩子郊游、骑自行车、跑步等活动中，观察幼儿的精神是否饱满，是否乐于参与。

典型表现3：不偏食、挑食，不暴饮暴食。喜欢吃瓜果、蔬菜等新鲜食品。

测评建议：幼儿应知道食物的营养价值，不偏食不挑食，明白暴饮暴食对身体不利。教师观察幼儿在园午餐时是否偏食，可以和家长交流幼儿在家的饮食习惯，尤其关注幼儿是否爱吃新鲜瓜果和蔬菜。

典型表现4：常喝白开水，不贪喝饮料。

测评建议：教师注意幼儿在园期间能否主动喝水。

家长在家多提醒幼儿喝白开水，并说说喝白开水的好处，避免让幼儿接触到饮料，可鼓励幼儿吃水果、喝纯果汁、牛奶等，代替饮料。

这项以家长平时的观察为主。

典型表现5：知道保护眼睛，不在光线过强或过暗的地方看书，连续看电视等不超过20分钟。

测评建议：教师组织"保护眼睛"的教育活动，让幼儿知道眼睛的重要性，掌握保护眼睛的基本方法，注意用眼卫生。观察阅读环节或区域活动中幼儿是否做到不在光线过强或过暗的地方看书。

131

家长在家也要时刻关注幼儿的用眼卫生，不要让幼儿在光线过强或过暗的地方看书，并且避免让幼儿连续看电视、电子屏幕超过20分钟。

典型表现6：每天早晚刷牙、饭前便后洗手，方法基本正确。

测评建议：教师在园观察幼儿饭前、便后洗手的方法是否正确，是否形成习惯。家长则在家观察幼儿早晚刷牙的方法是否正确。

目标二　具有基本的生活自理能力

典型表现1：能自己穿脱衣服、鞋袜，扣纽扣。

测评建议：在日常生活中，观察幼儿在起床后能否掌握生活自理的基本方法，如自己穿脱衣、鞋袜、扣纽扣等。

典型表现2：能整理自己的物品。

测评建议：在入睡前观察幼儿是否将自己脱下来的鞋子、袜子摆放整齐，是否将脱下的衣服整齐地叠放在床边。定期观察幼儿的衣柜里面的衣物和学习用品是否摆放整齐。

游戏情景："整理小书架"。教师说："老师这里有很多书，请把这些书整齐地放进书架里。"让幼儿进行整理，并放进书架。要求摆放整齐，便于其他人查阅。

家长可在家让幼儿整理自己的玩具、衣物、图书等。要求分类摆放在相应的家具里，看上去整齐。

目标三　具备基本的安全知识和自我保护能力

典型表现1：知道在公共场合不远离成人的视线单独活动。

测评建议：建议该项集中测评。

阅读故事《汤姆走丢了》，教师提问："汤姆为什么会走丢?"让幼儿知道外出时要紧跟成人，不远离成人的视线。

家长讲述故事：一个小孩在和爸爸妈妈外出的时候走开了，结果被坏人带到很远的山区，再也回不到家、见不到自己的爸爸妈妈了。提问："小朋友外出时，怎样才不会和爸爸妈妈走丢呢?"（拉着大人的手、在爸爸妈妈能看到的地方玩、不跟陌生人走等）

典型表现2：认识常见的安全标志，能遵守安全规则。

测评建议：建议该项集中测评。

认识常见的安全标志，如小心触电、小心有毒、禁止下河游泳、紧急出口等。可以提供一些安全标志图片，帮助幼儿认识遵守安全规则的重要性。

典型表现 3：运动时能主动躲避危险。

测评建议：建议该项集中测评。

请幼儿观察几幅图片：小朋友面对面跑时碰撞在一起；小朋友被地上的石头绊一跤；小朋友眼睛看向别处撞到了大树干；在池塘边踢球，打捞掉到水里的球时滑到池塘里。教师引导幼儿讨论："说一说，图上发生了什么事？怎样才能保护自己呢？"

运动时观察幼儿是否能注意安全，学会躲让，保护自己不受伤害。

典型表现 4：知道简单的求助方式。

测评建议：建议该项集中测评。

教师在观察时可以引用故事《汤姆走丢了》中的方式提问："如果是你会怎么做？如果遇到火灾或其他紧急情况时，分别应该拨打什么电话求救？"（110、120、119 等电话）

亲子谈话，幼儿应能说出自己家庭的住址、电话号码、父母的姓名和单位，一旦走失知道向警察、相关场所的工作人员求助。

二、语言领域

倾听与表达篇

目标一　认真听并能听懂常用语言

典型表现 1：在群体中能有意识地听与自己有关的信息。

测评建议：建议该项集中测评。

在集体活动中，教师通过说一些指令，观察幼儿对这些指令的反应情况。如"请穿绿衣服的小朋友站起来、请穿运动鞋的小朋友转一圈、请短头发的小朋友用手摸一下地面"等。该项测评主要由教师进行。

典型表现 2：能结合情境感受到不同语气、语调所表达的不同意思。

测评建议：建议该项集中测评。

能够在说话时注意语气、语调，面对不合理要求能以比较坚定的语气表示不同意；讲故事时，能尽量把故事人物高兴、悲伤的心情用不同的语气、语调表现出来。

可开展语言活动《笨耗子的故事》。让幼儿欣赏、感知童话诗，初步理解角色的形象和主要情节。教师说："耗子妈妈请了哪些动物妈妈来哄宝宝睡觉？它们是怎么哄的？如果你是耗子的妈妈，你会怎么哄宝宝睡觉？"活动中要求幼儿在对话时注意语气、语调，能尽量把故事人物高兴、悲伤的心情用不同的语气、语调表现出来。

成人给幼儿讲故事的时候，要尽可能地绘声绘色，让幼儿感受到不同语气、语调所表达的不同意思。

典型表现3：方言地区和少数民族幼儿能基本听懂普通话。

测评建议：教师和幼儿用普通话交流，为幼儿提供学习、运用普通话的环境，并从中判断幼儿是否能听懂普通话。家长在家也可和幼儿用普通话交谈，如不能使用普通话，可以通过看电视、听广播等方式增加幼儿接触普通话的机会。成人应适当纠正幼儿的不正确发音。

目标二 愿意讲话并能清楚地表达

典型表现1：愿意与他人交谈，喜欢谈论自己感兴趣的话题。

测评建议：建议该项集中测评。

大多数中班幼儿的语言表达能力有限，虽有说话的意愿，但往往不能大方清楚地表述自己的想法。因此教师应留意观察幼儿在日常活动中是否愿意跟大家谈论自己喜欢的话题，如一部动画片里的故事或人物。中班幼儿有很多共同的体验，如过生日、到动物园玩、找好朋友，等等。教师可发起一个话题，让幼儿分小组谈一谈活动的过程和自己的感受，与大家分享。

家长要多和幼儿交谈，在使用语言的过程中培养幼儿的语言表达能力。

典型表现2：会说本民族或本地区的语言，基本会说普通话。少数民族聚居地区幼儿会用普通话进行日常会话。

测评建议：在日常生活中留意幼儿能否说本民族语言或本地区的方言，是否能说普通话。

典型表现3：能基本完整地讲述自己的所见所闻和经历的事情。

典型表现4：讲述比较连贯。

测评建议：建议典型表现3和典型表现4一起测评。

每周一开展谈话活动"我的休息日"。让幼儿讲讲自己在双休日、节假日的所见所闻和经历的事情，用多种讲述方式（顺叙、倒叙、夹叙……），要求讲述基本完整。也可让幼儿用连贯的语言讲述一件事或图片的意思。讲述可以用"开火车"的方式进行，鼓励幼儿自己主动表达。

家长要有意识地在家庭活动后引导幼儿讲述印象深刻的见闻和个人经历。

当幼儿因为急于表达而说不清楚的时候，成人应提醒他不要着急、慢慢说，同时要耐心倾听，给予必要的补充，帮助幼儿理清思路并清晰地说出来。

目标三　具有文明的语言习惯

典型表现1：别人对自己讲话时能回应。

测评建议：日常生活中多给幼儿提供倾听和交谈的机会，如与成人、同伴一起谈论感兴趣的话题，或一起看图书、讲故事，借此观察幼儿在与别人讲话时能否积极主动地回应。教师在教育教学活动中观察提问或其他活动环节中幼儿的回应等。

家长可观察平时幼儿在家与家庭成员的交流情况。

典型表现2：能根据场合调节自己说话声音的大小。

测评建议：知道在公共场合不要大声说话，在集体活动时应该保持安静，回答问题时应该大声响亮。讨论：什么时候要大声说话？什么时候应该小声说话？

家长根据幼儿到公共场所如西餐厅、图书馆、展览馆、美术馆等场所说话的情况判断，并注意在平时教育、提醒幼儿根据场合调节自己说话的声音大小。

典型表现3：能主动使用礼貌用语，不说脏话、粗话。

测评建议：结合幼儿日常的语言表达习惯，进行该项目的测评。

成人要注意言传身教，在日常生活中主动使用礼貌用语，不说脏话、粗话。

阅读与书写准备篇

目标一　喜欢听故事，看图书

典型表现1：反复看自己喜欢的图书。

测评建议：日常观察幼儿是否能够认真、安静地听故事、看图书，是否喜欢阅读活动，能否一边看书一边较完整地讲故事，是否对某一本书情有独钟。

家长在亲子阅读中，观察幼儿是否反复要求家长讲述某一本书，是否特别喜欢看某一本书，并且记住书里的每一句话。

典型表现2：喜欢把听过的故事或看过的图书讲给别人听。

测评建议：教师在班上每天开展"故事会"活动，轮流让幼儿把在家里亲子阅读的故事讲给大家听。家长则可在家和幼儿进行讲故事比赛，让幼儿把在幼儿园听到的故事转述给爸爸妈妈或爷爷奶奶听。

典型表现3：对生活中常见的标识、符号感兴趣，知道它们表示一定的意义。

测评建议：建议该项集中测评。

准备一些日常生活中的常见标志，如男女厕所标志、停车场标志、电梯标志、斑马线标志和公用电话标志等，让幼儿说一说这些标志表达的意思、在哪里看到过这些标志。

游戏情景：教师事先把各类标志和符号准备好，让幼儿以抢答的方式说出自己见过的标志、符号。每个幼儿的能力有差异，可以提供不同层次的材料。

家长可以下载一些电子图片，与幼儿一起辨识；在日常生活环境中，随时随地与幼儿一起认识常用的标志、符号，并明白它们表达的意思。

目标二　具有初步的阅读理解能力

典型表现1：能大体讲出所听故事的主要内容。

测评建议：在班级里或家庭中，设置"故事时间"，让幼儿在听成人讲述故事后，说一说故事的主要内容。也可开展"故事会"活动，要求幼儿每人准备一个小故事，讲给大家听，看看幼儿能否讲出故事的主要内容。

典型表现2：能根据连续画面提供的信息，大致说出故事的情节。

测评建议：建议该项集中测评。

和幼儿一起看绘本，引导幼儿观看画面，把图画内容连起来完整地讲一个故事。通过讲述了解幼儿对画面细节的捕捉、对人物动态的描述，以及对人物对话的猜测与表达。

也可以提供几幅图片，让幼儿说一说图中表达的故事的大致情节。如故事《小鸭小鸡》。图一：小鸭在水里，小鸡在河边的草丛中吃虫子。图二：小鸡掉进了河里，大声呼救。图三：小鸡坐在小鸭背上。

典型表现 3：能随着作品的展开产生喜悦、担忧等相应的情绪反应，体会作品所表达的情绪情感。

测评建议：建议该项集中测评。

教师或家长可以在给幼儿讲故事或朗诵文学作品时，或在幼儿表演故事时，观察幼儿能否随着作品的展开产生喜悦、担忧等对应的情绪反应。如三只小猪被大灰狼追着跑、小动物挤在桥上摇摇欲坠、傻小熊进城时找不到奶奶家等，观察幼儿是否随着情节的变化而变换情绪和表情。

游戏情景：故事表演"小蝌蚪找妈妈"。熟悉故事中的对话后，请幼儿分别扮演鸭妈妈、大鱼、大乌龟、大白鹅和青蛙妈妈，教师和其他幼儿扮演小蝌蚪。（可以跟着故事录音进行）

游戏情景：故事表演"三只小猪"。爸爸扮演大灰狼，幼儿和妈妈扮演三只小猪（妈妈扮演两只小猪），在讲述故事时表演小猪遇见大灰狼的情景。

目标三　具有书面表达的愿望和初步技能

典型表现 1：愿意用图画和符号表达自己的愿望和想法。

测评建议：成人在幼儿不愿意与人交流时，有意识地引导和鼓励幼儿通过图画和符号来表达自己的愿望和想法。

典型表现 2：在成人提醒下，写写画画时姿势正确。

测评建议：在幼儿绘画活动中，特别要注意幼儿的坐姿：胸挺直，身体坐正，眼睛和纸面保持一定的距离。在阅读活动中也需注意身体姿势。同时关注幼儿的握笔姿势，前书写阶段的姿势很重要。

三、社会领域

人际交往篇

目标一　愿意与人交往

典型表现 1：喜欢和小朋友一起游戏，有经常一起玩的小伙伴。

测评建议：在日常活动中观察。幼儿对角色游戏比较感兴趣，在角色游戏中，他们可以相互交流、沟通、交往。教师也可以通过情景游戏，让幼儿进一步提高交往能力。

家长可以通过班级组建的友好家庭小组，开展生日会、郊游、家庭日等活动，培养幼儿与人交往的兴趣；也可以通过平时的交谈了解幼儿是否有经常一起玩的同伴和相对固定的好朋友。

典型表现2：喜欢和长辈交谈，有事愿意告诉长辈。

测评建议：平时观察幼儿是否愿意将自己高兴的事或不高兴的事都告诉成人，在有困难时是否会求助于成人。如联系幼儿生活实际进行生活经验迁移的教学活动，可以问幼儿："这几天你遇到过自己不能解决的事情吗？最后是怎么解决的？"

家长观察幼儿能否把自己的事告诉成人，或将在幼儿园发生的事情告诉家长。如"我的好朋友是谁，我最喜欢谁，幼儿园今天发生了有趣的事情"，等等。

目标二　能与同伴友好相处

典型表现1：会运用介绍自己、交换玩具等简单技巧加入同伴游戏。

测评建议：建议该项集中测评。

观察幼儿是否掌握一些与同伴交往的基本规则和技能，如是否知道使用介绍自己、交换玩具、邀约一起游戏等简单技巧加入同伴活动。

谈话：一天，俊俊和妈妈到花园玩，看到很多小朋友在玩游戏，有的在玩小汽车，有的在玩藏猫猫，有的在拍球。讨论：俊俊想和他们一起玩，他该怎么做？

建议家长带领幼儿去做客，让幼儿练习在生疏的环境中大胆地介绍自己的姓名、年龄、爱好……

典型表现2：对大家都喜欢的东西能轮流使用、分享。

测评建议：观察幼儿在游戏、学习、生活中是否能耐心等候、轮流使用，是否有与他人分享物品的意识与行动。可以开展"玩具（图书）分享日"活动，如让幼儿从家中带来自己喜欢的玩具、图书与大家一起使用。幼儿在同伴提出请求时愿意将玩具借给别人玩或交换玩，会说："好吧，玩具可以借给你玩。""好吧，我们交换玩。"能与同伴一起共用幼儿园的玩具和材料，如一瓶胶水、一盒蜡笔，会说："你先用，用完给我用。""放在当中我们一起用。"等等。

家长在家庭活动中应为幼儿创设、提供良好的分享机会。

典型表现3：与同伴发生冲突时，能在他人帮助下和平解决。

测评建议：观察幼儿与同伴发生矛盾或冲突时，是否能在别人帮助下尝试用协商、交换、轮流玩、合作等方式解决。

游戏情景：故事《小羊过河》。让幼儿听故事录音，了解故事内容。听完后，教师提问："这个故事叫什么名字？两只小羊过桥了吗？结果怎样？小朋友，你们想对两只小羊说些什么话呢？如果是你，你会怎么做？"

家长在组织家庭活动或带幼儿在社区与其他幼儿玩耍时，如遇到幼儿之间发生冲突，在不涉及安全问题的情况下，可以让幼儿尝试自行解决；只有当他们实在无能为力时，成人才介入，但不得简单粗暴地处理，更不能欺凌指责对方，避免将争端、冲突升级为成人之间的争斗。解决问题的能力需要在实践中锻炼，成人过早介入争端，会让幼儿失去锻炼与成长的空间。

典型表现4：活动时愿意接受同伴的意见和建议。

测评建议：在搭积木、玩娃娃家等需要合作的游戏中，观察当同伴提出不同意见和建议时，幼儿是否愿意接受，如果不接受，是否能表达自己的理由。

亲子谈话：两个小朋友在玩游戏，两人意见不统一，谁也不愿接受别人的建议与意见。讨论：如果是你会怎么做？

典型表现5：不欺负弱小。

测评建议：让幼儿知道不能因为自己力气大、个头大就欺负弱小者，无论对什么人都要礼貌谦让。

教师讲故事《让路》：小熊长得胖胖的，力气很大很大。小熊在路上走，前面来了只小兔。小熊站在路中间，大声说："小东西，快给我让路！"小兔怕小熊，只好从路旁的草丛中爬了过去。不一会儿，小羊从前面走来。小熊又往路中间一站："小家伙，快给我让路！"小羊害怕了，它一声不响地从路边的水沟中蹚了过去。小猴呢，它更害怕小熊，离得很远就爬到了路旁的小树上。小熊多得意："哼，我的力气大，谁都怕我！"可是，慢慢地，小熊一个朋友都没有了。教师提问："小熊做得对吗？他为什么最后一个朋友都没有了？如果你是这只小熊，碰到这些小动物你会怎么做？你喜欢故事中的小熊吗？为什么？"让幼儿懂得朋友之间应该互帮互助、不能以大欺小。

家长讲述故事《小老鼠和大老虎》：我是一只老鼠，一只很小的小老鼠。我身后那个又高又壮的家伙是大老虎，我们俩是好朋友。可是，怎么说呢，我们之间还是有点小问题。每次玩"西部牛仔"的游戏，大老虎总是当好人，我总是当坏人。大老虎说："好人最后总是会赢的！"唉，我能说什么呢？我不过是一只很小的小老鼠。每次分甜面圈，大老虎分到的那块总是比我的大。大老虎说："这样分才对嘛！"唉，我能说什么呢？我不过是一只很小的小老鼠。每次看到想要的花儿，大老虎总是命令我跳下去采给他。大老

139

虎说:"好美的花啊!"唉,我能说什么呢?我不过是一只很小的小老鼠。讲完后提问:"他们之间发生了哪些事?为什么小老鼠只能听大老虎的命令?你觉得大老虎做得对吗?如果是你会怎么做?"

目标三　具有自尊、自信、自主的表现

典型表现1:能按自己的想法进行游戏或其他活动。

测评建议:在日常活动中,观察幼儿是否能按自己的想法进行一些活动。成人要尽量给孩子自由选择的权利,鼓励、支持他们玩没有安全隐患的游戏的想法,并帮助他们实现。

典型表现2:知道自己的一些优点和长处,并对此感到满意。

测评建议:建议该项集中测评。

观察幼儿是否会用简短的语句谈论自己的优点,能看到自己的长处,对自己有信心。教师可以提问:"你喜欢自己吗?为什么?你有哪些特点?"引导幼儿用"我就是喜欢我,因为我……"的句式讲述。

家长和幼儿玩"夸夸我自己"的游戏。家长示范讲述,再请幼儿说说自己的优点。家长和幼儿一起完成"幼儿成长档案"中"个人信息"一栏,让幼儿有更全面、清晰的自我认识,并接纳自我。

成人在与幼儿相处时,尽量挖掘幼儿的优点,对其做得好的地方要不吝赞赏,充分肯定,帮助幼儿建立自信。赞赏以具体的言行表现为宜,忌空洞、枯燥、一成不变的客套话。

典型表现3:自己的事情尽量自己做,不愿意依赖别人。

测评建议:幼儿应知道自己的事要自己做。学习做自己能做的事,不懒惰,不依赖,即使做得不好,也要尽力。教师出示场景后提问:"这是什么地方?"(小朋友家里)"看谁来了?"(小不点来了)"小不点在干什么?"(大喊:妈妈帮我解纽扣,妈妈帮我脱衣服、脱鞋子)"小朋友,小不点这样做对吗?为什么?"

家长要鼓励幼儿在家也要自己的事情自己做,不依赖别人。即使幼儿能力有限,做出来的效果不理想,家长也要赞赏、支持他的这种意愿。

在日常生活中渐进式地培养幼儿的劳动技能,提高其自理能力,能促进幼儿形成自我服务、不依赖他人的信心与习惯。

典型表现4:敢于尝试有一定难度的活动和任务。

测评建议:建议该项集中测评。

观察幼儿是否敢于尝试有一定难度的任务,体验活动带来的成功感、快

乐感，增强自信心。

游戏情景：教师在大厅布置四条通往"魔术宫"的路，每条路上至少设置 3 个障碍物，如"爬山""过河""走城堡""水潭""钻洞"，并遇到"怪兽""老虎""蛇"等，与"勇敢者的道路"相似。绘制大地图一张（从教室到大厅的路），小地图人手一张（大厅内通往"魔术宫"的路）。播放录音引起幼儿的兴趣："小朋友，你们好，我是魔术师爷爷，我住在魔术宫里，你们想到魔术宫来看我表演吗？那就请你们来吧。"教师过渡："魔术师爷爷请我们去魔术宫，可是魔术宫在什么地方呀？"播放录音："我已经把地图变到你们的教室里了，它会指引你们走到一间房子里，在那间房子里，我又放了许多小地图，你们每个人会拿到一张小地图，看着地图，按标记寻找道路，就能找到魔术宫。"让幼儿在错综复杂的四条路上，战胜困难，寻找魔术宫，最后到达魔术宫。教师扮演魔术师爷爷在宫门口迎接。

也可以组织幼儿玩"小青蛙跳田埂"的游戏。用平衡步道作为田埂（一块一块间隔、两块两块间隔等），设置活动路线，通过不断增加高度和宽度来提高活动难度。幼儿可选择不同难度的场地进行练习。教师观察幼儿是否敢于尝试有一定难度的活动。

家长在家给幼儿布置有一定难度的活动任务，比如整理个人的房间、拼接较复杂的图片等，看看幼儿是否能坚持完成。

目标四　关心尊重他人

典型表现 1：会用礼貌的方式向长辈表达自己的要求和想法。

测评建议：结合日常行为表现测评，也可以在幼儿游戏中故意设置急需某种材料的情景，观察幼儿是否能用礼貌用语向长辈说出自己的要求和想法。如："老师，请帮我拿一下上面的图书，行吗？""谢谢老师！""老师，我能不能用箱子里面的材料做小汽车？""阿姨，请让一让，我要过去。谢谢！"等等。

典型表现 2：能注意到别人的情绪，并有关心、体贴的表现。

测评建议：观察幼儿在集体活动中，是否能观察、了解、关心同伴，用正确、适当的方式表达对他人的关心。他人不高兴时，幼儿能意识到，并会表达关心："你怎么了？""你怎么不高兴了？"且能用拥抱、亲亲脸蛋、赠送小礼物、一起玩或交谈等言行予以安慰。

教师提问："如果你的好朋友不言不语，蔫头耷脑的，你会怎么做？"

家长提问："你怎么知道妈妈不高兴呢？怎么做能让妈妈高兴起来？"

典型表现3：知道父母的职业，能体会到父母为养育自己所付出的辛劳。

测评建议：建议该项集中测评。

教师通过主题活动让幼儿了解父母的职业，感受父母上班、照顾自己是多么不容易，多么辛苦。启发幼儿说一说自己的爸爸妈妈是干什么工作的，怎样工作的，并说说父母是怎样照顾自己的。

如果可行的话，家长可带幼儿到自己上班的地方，让幼儿对父母上班的环境、职业有感性的、直观的认识。亲子交谈的时候可以给幼儿讲讲养育过程中一些难忘的小故事。亲子一起完成"幼儿成长档案"中"家庭合影"栏目下的内容填写。

社会适应篇

目标一　喜欢并主动参加群体生活

典型表现1：愿意并主动参加群体活动。

测评建议：在日常游戏时观察幼儿参加群体活动的情况，观察幼儿是否对集体活动比较感兴趣，是否通过游戏活动体验、感知到了集体的荣誉和集体生活与个人生活的联系。让幼儿知道集体生活的好处，比如大家可以一起玩，有困难大家可以一起出主意、帮自己解决等。让幼儿回家体验一个人的生活，比较一个人游戏和集体游戏哪个更好。

家长也要尽量创造条件，让幼儿在双休日、节假日、寒暑假期间能参与有较多人一起的聚会、团体活动等，避免长时间小范围的家庭生活。

典型表现2：愿意与家长一起参加社区的一些群体活动。

测评建议：让幼儿了解社区环境中的主要设施及与人们的关系，知道社区是大家的生活场所，知道运用社区中不同的设施解决生活中遇到的问题。观察幼儿是否愿意参加一些社区群体活动。家长可以带幼儿与邻居的小伙伴们一起玩社区的娱乐设施、利用社区的场地玩游戏和锻炼身体、逛社区内的市场、去社区医院就诊、参加社区节庆或慈善活动等。该项测评主要由家长完成。

目标二　遵守基本的行为规范

典型表现1：感受规则的意义，并能遵守规则。

测评建议：通过相关的教育活动、生活活动、实践活动，让幼儿了解基本的规则，如游戏规则、交通规则及生活中的规则，知道遵守规则的重要性和不遵守规则的后果，理解规则是为了集体活动公平、有序，形成自觉遵守规则的意识。

游戏"我是小裁判"：看看小朋友们在活动中有没有遵守规则。准备的图片内容有：倒爬滑梯、排队等候玩、两人合看一本书、看信号灯走斑马线过马路、闯红灯、插队。请幼儿评判图上的人物行为是否遵守规则，并说出理由。

家长的教育要和幼儿园一致，在生活中带领幼儿一起执行规则，帮助幼儿养成遵守规则的好习惯。

典型表现 2：不私自拿不属于自己的东西。

测评建议：让幼儿知道拾到别人的东西要归还，不拿不属于自己的东西。

游戏情景：讲述故事《手帕回来了》。教师提问："红红是怎样找到自己的手帕的？当她找到的手帕不是自己的时，她是怎么做的？红红和平平都有了手帕，为什么当他们拾到另一块手帕时，都要去找失主？你喜欢红红吗？如果是你捡到东西，你会怎么做？"

中班上学期幼儿有时分不清自己的与他人的物品，有时会把别人的东西误以为是自己的东西；有时是出于喜欢和好奇拿了别人的东西，而没有意识到拿别人的东西是不对的。成人要告诉幼儿想拿别人的东西时应与人商量，要先征求别人的意见。

建议家长在家中满足幼儿适当的物质欲求，给幼儿讲有关拾金不昧的故事。对于幼儿偶尔将他人物品据为己有的行为，不要进行"偷盗"的道德指责，而是要分清原因，找到相应的对策，有效制止这种行为的再次发生。

典型表现 3：知道说谎是不对的。

测评建议：建议该项集中测评。

让幼儿知道诚实是一种良好的品质，愿意知错就改，希望做诚实的孩子。

教师带领幼儿欣赏故事《狼来了》，边放图片课件边讲述故事内容。教师提问："你们喜欢放羊的孩子吗？为什么不喜欢他？放羊的孩子说谎以后造成了哪些不好的后果？"讨论：平时生活中应该怎样做才是诚实的表现呢？

家长讲述故事《长鼻子的匹诺曹》（或看动画片），提问："匹诺曹的鼻子为什么会这么长？"与幼儿讨论：怎样才能做一个诚实的孩子？如果自己是匹诺曹，会怎样做？（让幼儿说一说自己平常有没有不诚实的表现）

典型表现4：知道接受了的任务要努力完成。

测评建议：建议该项集中测评。

能努力完成老师或家长分配的一些力所能及的任务，有责任感和认真负责的态度。如帮老师送东西到隔壁班级，做值日生；在家则可帮助家长整理房间，帮爷爷奶奶拿水杯、眼镜、报刊等。

典型表现5：在提醒下，能节约粮食、水电等。

测评建议：建议该项集中测评。

通过主题活动，知道节约粮食、水、电等，懂得保护环境。讨论：如果没有水会怎样？没有电会怎样？没有粮食会怎样？我们应该怎么做？

家长在家或外出旅行时也要身体力行，做环境保护者，为幼儿树立良好的榜样。

目标三　具有初步的归属感

典型表现1：喜欢自己所在的幼儿园和班级，积极参加集体活动。

测评建议：观察幼儿平时的表现，看幼儿是否能主动为班级做事，乐意当老师的小帮手，并且天天主动、开开心心地上幼儿园。

家长通过亲子交谈和进行幼儿上幼儿园的情绪观察测评。亲子共同阅读"幼儿成长档案"中的"幼儿园概况""班级成员""班级日常活动""在园经典活动""教育笔记"等栏目，激发幼儿对所在幼儿园和班级的热爱。提问："你上的幼儿园叫什么名字？你喜欢这所幼儿园吗？喜欢幼儿园的什么？你在哪个班？喜欢这个班吗？为什么？"

典型表现2：能说出自己家所在地的省、市、县（区）名称，知道当地有代表性的物产或景观。

测评建议：建议该项集中测评。

通过相关主题活动如"我们的城市（家乡）"，帮助幼儿了解居住地的位置和名称、地方特产、著名景观与传说等。

游戏情景："我来当导游"。以选"小导游"的对话激发幼儿的兴趣，导入活动。教师说："小朋友，我有一位外地的朋友，听说我们××是个美丽的地方，过几天，她要带朋友们一起来游玩，特地委托我邀请我们班的小朋友来当小导游，你们愿意吗？你们有没有信心当好这个小导游呢？"教师引导幼儿说说自己都去过××的哪些地方？觉得哪里最好玩？有哪些特产？

家长在节假日、双休日可以经常带幼儿到居住地比较有名的地方游玩，让幼儿了解居住地的风土人情、地方特产、知名景点等，培养热爱家乡的情感。这有助于幼儿建立归属感和安全感。

典型表现 3：知道自己是中国人。

典型表现 4：奏国歌、升国旗时能自动站好。

测评建议：建议典型表现 3 与典型表现 4 一起集中测评。

通过主题活动、日常谈话，知道自己是中国人，认识国旗、国歌，奏国歌、升国旗时能自动站好，行注目礼，初步形成对国家、民族的归属意识。

教师在升旗仪式时观察幼儿能否自动站好，神情严肃。在此之前可开展相关主题教育活动，观看录像，感受国旗、国歌。

提问："你是哪个国家的人？你在什么地方、什么时候看见过国旗，听过国歌？升国旗时要怎么做？"

四、科学领域

科学探究篇

目标一　亲近自然，喜欢探究

典型表现 1：喜欢接触新事物，经常问一些与新事物有关的问题。

测评建议：在日常生活中观察幼儿是否喜欢接触新事物，是否经常会问一些与新事物有关的问题，是否能与成人一起发现和分享周围新奇、有趣的事物或现象，并一起寻找问题的答案。如对新事物感到好奇，想去摸摸、看看，甚至用放大镜看；喜欢敲敲打打甚至拆开；会提问如"绿叶子怎么变成红（黄）色的了？为什么会掉？""蜗牛怎么爬得这么慢？"喜欢问"为什么"。

家长在家庭生活中可以经常为幼儿创造点惊喜，如变化家居布置、菜式，购买新奇水果和家庭用品，带幼儿到不同风格的餐厅就餐等，让幼儿对新环境、新事物有丰富的体验与感受，激发他们对新事物的探究欲望。

典型表现 2：常常动手动脑探索物体和材料，并乐在其中。

测评建议：观察幼儿是否喜欢参与科学探究活动，能否感受、体验到动手操作的乐趣。

教师观察幼儿在科学活动中或科学区是否愿意动脑探索，也可以通过一些有趣的科学操作活动激发幼儿对科学探究活动的兴趣。游戏情景：科学活动"玩冰块"。准备实验所需的物品：同样大小的冰块、热水、凉水、盐、电吹风、毛衣、风扇、棉被、酒精灯、烧杯、小锤。讨论：哪些方法能使冰块融化？教师说："那么多方法，哪一种能使冰化得最快呢？我们全班来一个化冰块比赛，好不好？"让幼儿操作。

家庭游戏：准备水、抹布、盘子、硬币、一张大记录单等。家长带领幼儿做实验"放入水中的硬币"。提问："你猜猜硬币放到水里会怎么样？"（会下沉）"怎样让刚才沉入水底的硬币浮在水面上？"（把硬币放在木质的玩具上、塑料瓶内、泡沫板上、塑料小碗和盘子内都能让它浮起来）尝试"怎样让浮起来的东西沉下去"。（往塑料瓶内装满水，用橡皮筋在积木上绑上石头、在塑料小碗内放入石头等都能让浮在水面上的东西沉下去）

目标二　具有初步的探究能力

典型表现1：能对事物或现象进行观察比较，发现其相同与不同。

测评建议：建议该项集中测评。

在日常活动中观察幼儿是否能关注班上动植物的外形特征和生活习性，如蔬菜根的对比实验。观察：葱、芹菜、野菜根等在同样的阳光下，水分一样多时，谁的根"喝"的水最多？

教师出示较为写实的图片，让幼儿进行分辨，提出："××与××很像，都是……的"或者"虽然××同××看上去有点不一样，但它们都……，所以它可能也是苹果"。也可以出示日常生活中较容易混淆的实物，让幼儿进行观察、比较、分析、判断。如苹果和蛇果、橙子和橘子、葱和蒜等。

家长提前搜集平时幼儿容易混淆的物品，组织一次家庭会，一起玩"猜猜这是什么"的游戏，家庭成员都参与。将相似物品逐对摆放出来，让大家猜猜这是什么，一般让幼儿先说，其他人后说，有不同意见的时候，就各自说明理由，引导幼儿通过比较、观察发现物品的异同，抓住区分不同物品的主要特点。

家庭中种植了植物的，也可以引导幼儿观察不同植物的生长有什么异同。

典型表现2：能根据观察结果提出问题，并大胆猜测答案。

测评建议：建议该项集中测评。

通过幼儿园实验"颜色变变变"，让幼儿观察、猜测不同颜色混合后的变化。

家庭实验：把白糖和红糖依次放入水中，看看发生了什么变化、哪些东西不见了。把盐、小石头依次放入水中，看看发生了什么变化。按照猜想—交流—验证—观察的步骤了解更多的溶解现象。为幼儿提供补充材料：咖啡、奶粉、感冒颗粒冲剂、米粒等。请幼儿在实验前猜一猜，哪些东西放在水里会溶解？观察幼儿是否能自信、大胆地说出自己的答案。

典型表现3：能通过简单的调查收集信息。

测评建议：建议该项集中测评。

提供一项内容让幼儿去调查收集信息，观察幼儿能否完成。

教师设计"不同材料的玩具"调查活动，让幼儿知道不同玩具由不同的材料做成，需要爱惜使用。

家长设计"不同衣料的服装"调查活动。让幼儿通过看、摸家里的各种衣服，知道衣服由不同布料制成，布料有不同的特点，它们适合不同季节穿着。

典型表现4：能用图画或其他符号进行记录。

测评建议：建议该项集中测评。

开展"泡泡都是圆的吗"活动。教师准备记录表若干张，记录笔，由铁丝围成的圆形、正方形、长方形、三角形吹泡泡器具。教师提问："不同形状的器具吹出来的泡泡都是圆的吗？三角形、正方形、长方形的器具吹出来的泡泡是什么形状的呢？我们来猜测一下。"教师将准备好的记录表格贴于黑板上，让幼儿认识。教师提问："这张记录表上把我们要用的吹泡泡器具都画下来了，上面有一些什么形状呢？"请幼儿大胆说出自己的想法。幼儿做实验，并将实验结果记录在记录表上。

家庭实验：开展科学活动"玩冰"。准备实验所需的物品：同样大小的冰块、热水、电吹风、毛衣、棉被、小锤。提问："试一试哪种方法能使冰化得最快？我们来一个化冰块比赛好不好？"幼儿操作后将自己的发现记录在表格中。

目标三　在探究中认识周围事物和现象

典型表现1：能感知和发现动植物的生长变化及其基本条件。

测评建议：建议该项集中测评。

在平时活动中观察幼儿是否愿意感知和发现周围事物的有趣现象，是否愿意和大家一起寻找答案。通过讲述故事、种植与饲养活动，让幼儿观察了解物体生长变化的过程。如"豆子—豆苗"的生长变化过程，"小蝌蚪—青蛙"的生长变化过程，"蚕宝宝—飞蛾"的生长变化过程。

家长可以和幼儿在家种蒜、葱、姜、豆芽等容易观察变化过程的植物，让幼儿感受这些植物的生长变化，发现、归纳它们生长的基本条件。在社区散步时，也可以引导幼儿观察植物随季节变化的现象。

典型表现2：能感知和发现常见材料的溶解、传热等性质或用途。

测评建议：建议该项集中测评。

利用主题活动让幼儿用实验的方法了解溶解、传热的现象，知道有的东西放在水里会溶解，有的不会，有的东西传热快，有的传热慢。如锅的材质当然要导热好的（金属等）；各类电器的散热装置应利于传热，而锅把儿、烧水壶把儿、杯子等在设计上需要考虑使用导热慢的材质（如塑料、木头）以保证使用者的安全；人到冬天要考虑多穿衣服以降低传热速度等。

游戏"什么东西不见了"。准备：纸杯人手一个，筷子每人一根，盐、白砂糖、红糖、小石子、油、抹布。把白糖和红糖依次放入水中，看看发生了什么变化、哪些东西不见了。再换一杯干净的水，请幼儿把小石头和油分别放入水中，轻轻搅拌，看看小石头和油有没有消失？最后同时将各种材料放入同一杯水中，观察溶解现象，比较不同材料的变化。

家庭实验：家长出示一把小勺子，让幼儿摸摸勺把儿，提问："有什么感觉？"把勺子放到热水里，过一会儿再让幼儿摸摸勺把儿，提问："有什么感觉？""勺把儿是怎样变热的？""在生活中哪些地方体现了物体传热这种性质？"

典型表现3：能感知和发现简单物理现象，如物体形态或位置变化等。

测评建议：建议该项集中测评。

欣赏故事《小水滴旅行记》。教师提问："小水滴是怎样旅行的？小水滴先变成了什么？又变成了什么？最后变成了什么？"教师演示实验：点燃酒精灯，将盛有热水（水是有颜色的，这样便于幼儿观察）的烧杯放在三脚架上燃烧，要求幼儿观察水的变化。教师提问："你们发现水有了什么变化？水汽是从哪里来的？"

家庭实验："镜子与光"，引导幼儿探索镜子反光的现象。天晴时，家长和幼儿手持镜子到户外（或阳台），自由探索如何将光反射进房间。引导幼儿讨论："你是怎样将太阳光反射到活动室的？""在反射光的过程中，还有什么发现？如反射进房间的光是怎样的？它会不会移动？是怎样移动的？你能把光照在你想照的地方吗？你是怎样做的？"

家长可引导幼儿在日常生活中观察、收集其他可以反射光的物品，了解生活中或自然界里光的反射现象。

典型表现 4：能感知和发现不同季节的特点，体验季节对动植物和人的影响。

测评建议：建议该项集中测评。

通过主题活动帮助幼儿建立季节转换的概念。在季节变化时观察幼儿是否认识季节的特征与变化特点，季节和动植物、人的关联。

教师提问："现在是什么季节？你是怎么知道的？这个季节你有什么感觉？什么动物比较多？动物会怎样？哪些植物有什么不同了？"

典型表现 5：初步感知常用科技产品与自己生活的关系，知道科技产品有利也有弊。

测评建议：建议该项集中测评。

通过"一切都在变"等主题活动让幼儿知道科技的变化，知道一些常用科技产品与自己生活的关系，知道制造生产科技产品有利也有弊。

教师提问："汽车有什么好处？有什么坏处呢？""空调有什么好处？有什么坏处？"等等。

数学认知篇

目标一　初步感知生活中数学的有用和有趣

典型表现 1：在指导下，感知和体会有些事物可以用形状来描述。

测评建议：建议该项集中测评。

小班时已认识方形、圆形、三角形等，中班可以增加一些图形认识如椭圆形、梯形。让幼儿观察班上的物品，说出哪些东西是椭圆形的，哪些东西是梯形的。

家长可以让幼儿说出家里物品、玩具的不同形状。

典型表现 2：在指导下，感知和体会有些事物可以用数来描述，对环境中各种数字的含义有进一步探究的兴趣。

测评建议：建议该项集中测评。

观察幼儿能否发现周围环境中的数字，并一起讨论各种数字所代表的意义。如小区楼房外墙上的数字、电话上的数字、电影院座椅上的数字、路口红绿灯上的读数、商场里商品的标价等。设想如果少了数字会怎样，如商店里没有了数字会怎样？大街上没有了数字会怎样？

目标二　感知和理解数、量及数量关系

典型表现 1：能感知和区分物体的粗细、厚薄、轻重等量方面的特点，并能用相应的词语描述。

测评建议：建议该项集中测评。

提供游戏材料和方法，帮助幼儿感知和区分物体的粗细、厚薄、轻重等量方面的特点，观察幼儿能否运用感官比较两个以上物体的粗细、厚薄、轻重，知道物体的粗细、厚薄是相对的。

让幼儿说出教师出示的物体的粗细、厚薄、轻重。如"请说说你盒子里两根小棒的不同。哪根粗？""毛笔、蜡笔和铅笔哪个粗？哪个细？为什么？""你和我谁轻谁重？"提供厚薄不同的书、积木等，引导幼儿将每类物品按从厚到薄或从薄到厚的顺序排序。

家庭游戏：准备厚薄不同的书、纸、布，粗细不同的小棒、笔。一个袋子里放一个苹果，另一个袋子里放两个苹果。幼儿先听指令取出相应的物品。如"找出一张厚的纸""把粗的棒子举起来""把轻的一袋苹果拿出来"。再比较，说出谁粗谁细、谁厚谁薄、谁轻谁重等。

典型表现 2：能通过数数比较两组物体的多少。

测评建议：建议该项集中测评。

开展游戏"抢椅子"，帮助幼儿形象地理解两组物体的多少。幼儿在音乐中抢坐椅子。教师提问："谁没有坐到椅子？为什么？"（提示：小朋友有几个？椅子有几张？所以怎么样？）

教师拿两种不同颜色、不同数量的积木，请幼儿数完后说出哪种颜色的积木多，哪种颜色的积木少。

家庭游戏：夹豆豆比赛。亲子一起进行用筷子夹豆子的比赛，看看谁在一分钟的时间内夹的豆子多。结论由幼儿通过数数比较得出。可以让爸爸妈妈比赛，幼儿当裁判。

典型表现 3：能通过实际操作理解数与数之间的关系，如 5 比 4 多 1；2 和 3 合在一起是 5。

测评建议：建议该项集中测评。

观察幼儿能否通过数学活动中的实际操作理解数与数之间的数差关系。

教师出示点卡，提问："谁会帮这些点卡排排队？"（引导幼儿观察理解相邻数间的关系）"6 的后面是数字几？前面是数字几""7 比 6 多还是少？多几？5 比 6 多还是少？少几"（以此类推，比较相邻数间的关系）"2 和 3

合起来是几？1和4合起来是几？"

家长在家可以利用扑克牌和幼儿玩对数（你出1，我出3，1和3合起来是4；你出2，我出2，2和2合起来是4）、比大小（你出2，我出3，3比2大1；你出5，我出4，4比5小1）等游戏，并从中观察幼儿是否理解数与数之间的简单关系。

典型表现4：会用数词描述事物的排列顺序和位置。

测评建议：建议该项集中测评。

游戏一"小动物坐火车"。伴随火车开动的音乐，教师出示火车图片，提问："什么开来了？火车有几节？"（幼儿用点数的方法确定火车节数）"谁来用数字表示第一、第二、第三、第四、第五节车厢呢？"引导幼儿观察火车头，从左到右贴数字卡。教师说："今天小动物们要坐火车回家去，火车就要开了，它们却不知道自己该上哪节车厢，我们来帮帮它们好吗？"出示小兔图片，提问："小兔的车票上有数字几？它应该上第几节车厢呢？"请幼儿操作。用同样的方法依次送小猪、小熊、青蛙、小猫上火车。音乐响起，火车开动，收好图片。

游戏二"小动物住哪里"。教师说："小动物回到了自己的家里，看看它们住的房子有几层呢？"出示房子挂图，提问："谁来用数字表示第一层、第二层、第三层、第四层、第五层呢？"引导幼儿从下往上贴数字卡。教师问："每层楼里住着谁呢？"依次打开窗户，幼儿说出××小动物住在第几层。教师问："我们请小动物下楼来玩好吗？我们先到第几层楼请谁？再到第几层楼请谁？"幼儿说出序数词，依次请所有动物下楼。教师将小动物排成一排，请幼儿说出谁排第一、谁排第二……

家长在生活中通过车票、机票、电影票引导幼儿了解数字表述位置与序列的作用。通过实地认识、考察门牌号码，以及自家居住的楼层、房号，让幼儿学习用数字描述序列与位置。

目标三 感知形状与空间关系

典型表现1：能感知物体的形体结构特征，画出或拼搭出该物体的造型。

测评建议：建议该项集中测评。

提供一些形状结构特征明显的物体、各种图形卡，让幼儿拼搭或画画。教师说一个物体，让幼儿拼，拼好后让幼儿说一说自己是用什么图形宝宝来变的，变成了什么。比如：我用圆形拼了这个女孩子的头，用正方形拼了她的身体，用长方形拼了她的手，用梯形拼了她的裙子……

家长可让幼儿用积木、七巧板拼搭物体造型。

典型表现2：能感知和发现常见几何图形的基本特征，并能进行分类。

测评建议：建议该项集中测评。

能直观感受图形的特征，知道圆形是圆圆的，没有角；正方形有四个一样大的角、四条一样长的边；三角形有三个角、三条边。

玩游戏："给小动物送饼干"，认识形状标志。教师出示三只小动物，说："三只小动物也想吃饼干，你知道它想吃什么形状的饼干吗？"引导幼儿观察小动物身上的形状标志，推测每只小动物喜欢吃的饼干的形状。请幼儿给小动物送饼干，鼓励幼儿边送边说："小动物，送给你××形状的饼干。"

家长在家可以和幼儿玩找图形的游戏，比赛看谁说出家里某种形状的物体更多。如"桌子是圆的，电风扇是圆的，饼干盒是圆的，卷纸是圆的，凳子是正方形的，这本图画书是正方形的，纸箱是正方形的"等等。

典型表现3：能使用上下、前后、里外、中间、旁边等方位词描述物体的位置和运动方向。

测评建议：建议该项集中测评。

出示一些玩具、小篓子让幼儿观察。教师拿起一个小球放到小篓子里，再拿一块积木放在桌上，请幼儿说一说小球在哪里、积木在哪里。（小球在篓子里，积木在篓子外面）再将小球放在桌子下面，积木放在桌上，让幼儿说说小球在哪里，积木在哪里。将小球、积木、杯子排成一排，让幼儿说说积木在小球和杯子的什么位置（中间）、小球和杯子在积木的什么位置（旁边）。让一个幼儿向前走和往后退，观察幼儿能否较准确地使用上下、前后、里外、中间、旁边等方位词描述物体的位置和运动方向。

家长在家与幼儿玩类似游戏。

五、艺术领域

感受与欣赏篇

目标一　喜欢自然界和生活中美的事物

典型表现1：在欣赏自然界和生活环境中美的事物时，关注其色彩、形态等特征。

测评建议：建议该项集中测评。

观察幼儿能否用语言从造型、色彩、形态等特征方面表达对周围环境的美的欣赏。如欣赏"居民建筑"，引导幼儿欣赏生活环境中的居民建筑，提问："这些房子中你最喜欢什么样的？为什么？"欣赏花鸟的色彩、形态，提问："你喜欢哪些花，为什么喜欢这种花？这些小鸟中你喜欢哪种？为什么？"

在家里，家长可以引导幼儿欣赏服饰的色彩、样式。如提问："你喜欢妈妈的哪些衣服？为什么？"自然界和生活中处处有美丽的事物，家长应随机对幼儿进行审美引导，培养幼儿爱美、欣赏美、表现美的兴趣和能力。

典型表现 2：喜欢倾听各种好听的声音，感知声音的高低、长短、强弱等变化。

测评建议：建议该项集中测评。

观察幼儿在音乐活动中对乐曲的感受能力。教师主要在平时的音乐活动中观察幼儿是否喜欢听各种好听的声音，对声音的感知如何。也可提供一首好听的曲子，如《小雨沙沙》，观察幼儿能否对声音高低、长短、强弱等变化有所理解。还可让幼儿欣赏音乐《快乐之歌》，通过提问引导幼儿发现乐曲有的时候会出现高音，有的时候会出现低音，并请幼儿找出高音、低音。除了引导幼儿区分高低音外，还应该引导幼儿区分强弱音。教师可以通过提问再次引导幼儿欣赏音乐，体会出音乐的强弱之分。为了提高活动的趣味性，教师可以增加一些规则，如谁能分清音的高低强弱，谁就戴上一顶小帽子，反之则摘掉小帽子，看最后谁戴帽子的时间最长。

该项测评主要由教师完成。家长也可借鉴上述方法进行测评。

目标二　喜欢欣赏多种多样的艺术形式和作品

典型表现 1：能够专心地观看自己喜欢的文艺演出或艺术品，有模仿和参与的愿望。

测评建议：利用节庆表演、毕业会演等活动，观察幼儿能否专心观看演出，是否有模仿和参与的愿望。

家长则可利用外出观看表演或看文艺节目时幼儿的表现，观察幼儿能否用动作、语言等表达对艺术的理解与感受。

典型表现 2：欣赏艺术作品时会产生相应的联想和情绪反应。

测评建议：建议该项集中测评。

能较准确地感受艺术表现手法与要表现事物之间的关系，大胆表现、表达自己的感受。教师出示一些情绪色彩鲜明的名画，如凡·高的《星空》，让幼儿看后描述自己的感受。

家长在家可以和幼儿一起听赏《二泉映月》《金蛇狂舞》等民族乐曲，让幼儿感受音乐所表达的情绪情感，并用语言描述出来。提问："听完这段乐曲，你有什么感觉？是高兴还是悲伤？"

表现与创造篇

目标一　喜欢进行艺术活动并大胆表现

典型表现1：经常唱唱跳跳，愿意参加歌唱、律动、舞蹈、表演等活动。

测评建议：在日常活动中观察。教师在班级区域中搭建"小舞台"，让幼儿有机会自由地唱唱跳跳，展示自我。

家长在家也需提供让幼儿唱歌、跳舞、表演的机会。比如，家里有人过生日，可以组织家庭成员进行以唱唱跳跳、表演为主的晚会。

典型表现2：经常用绘画、捏泥、手工制作等多种方式表现自己的所见所想。

测评建议：平时观察幼儿是否能通过桌面游戏、区域游戏、美术课等，利用绘画、泥工、手工活动创作表达自己的想法，鼓励幼儿将自己的经验介绍给其他人。

家长多鼓励幼儿将所见所闻、所思所想画出来，并讲给大家听。

目标二　具有初步的艺术表现与创造能力

典型表现1：能用自然的、音量适中的声音基本准确地唱歌。

测评建议：建议该项集中测评。

观察幼儿能否用自然的声音准确地唱歌。家长可在家里请幼儿为家人表演，进行观察。幼儿园和家庭均可开展"小小演唱会"的活动，提高幼儿对艺术的表现和创造能力。

典型表现2：能通过即兴哼唱、即兴表演或给熟悉的歌曲编词来表达自己的心情。

测评建议：建议该项集中测评。

观察幼儿能否通过哼唱、仿编歌词来表达自己的心情。如学习《表情歌》，教师带着幼儿一起复习歌曲。教师出示"难过"的脸谱，引导幼儿仿编歌曲，如"我难过，我难过，我就轻轻哭"等。引导幼儿迁移生活经验。教师提问："你最高兴的事是什么？最伤心的事是什么？遇到高兴或伤心的事你会怎么做？"教师观察幼儿能否即兴哼唱出表达自己心情的歌词。

家长在家和幼儿一起学《幸福拍手歌》，基本学会后提问："如果感到幸福，还能做什么动作？"观察幼儿能否将自己的心情表达出来。

典型表现3：能用拍手、踏脚等身体动作或可敲击的物品敲打节拍和基本节奏。

测评建议：建议该项集中测评。

该项测评主要由教师完成。幼儿应能在教师的引导下，用拍手、踏脚等身体动作或可敲击的物品敲打节拍和基本节奏。教师观察幼儿能否跟着音乐进行敲打。欣赏歌曲《爷爷为我打月饼》。教师播放音乐，幼儿倾听，让幼儿先跟着音乐一起有节奏地拍手，引导幼儿将手的动作转化成"身体动作总谱"。教师说："现在我们不光要用手，我们还要用身体的其他部分，请跟我来试一试。"教师观察幼儿能否随着音乐用身体动作打节拍。

家长可找一首节奏感强的儿歌，和幼儿一起玩节奏游戏。

典型表现4：能运用绘画、手工制作等表现自己观察到的或想象的事物。

测评建议：建议该项集中测评。

"快乐的节日"意愿画。教师提问："你觉得什么节日最快乐？请你画出这个快乐的节日。如果你觉得还不够完美，你希望是怎样的，也一起画出来。"

家长带幼儿外出游玩后，聊天："昨天去××玩，你看到了哪些东西？你觉得什么地方最美？我们一起来画一画自己觉得最美的东西。你觉得在那里还有可能看到什么？也把它们画出来。"

# 附录3 大班幼儿发展评价手册

一、健康领域

身心状况篇

目标一 具有健康的体态

典型表现1：身高和体重适宜。

测评建议：幼儿园保健医生在幼儿生日这一周，给幼儿进行量身高（坐高）、称体重、检查牙齿、测视力等在园内能完成的体检项目，结合学年体检、平时的健康状况进行简短评价与建议。

教师和家长根据幼儿的体检情况和医生建议，调整体育活动的内容和膳食营养搭配，建立良好的生活作息与习惯，促进幼儿身体健康。

典型表现2：经常保持正确的站、坐和行走姿势。

测评建议：教师在集体活动中注意幼儿体态，观察其是否有正确的站、坐和行走姿势。要求坐姿端正——身体坐满椅面，挺胸靠椅背，两腿自然地平放在桌下，双脚着地，双手或放在双腿上，或自然下垂。行走姿势——上体正直，两肩舒展，手指轻握，步伐稳健，摆臂自然，不要弯腰驼背，也不要晃晃悠悠。站立姿势——要立正站好，头要正，颈要直，两眼向前平视。

家长在家参照上述要求对幼儿进行观察评价。

目标二　情绪安定愉快

典型表现 1：经常保持愉快的情绪。知道引起自己某种情绪的原因，并努力缓解。

测评建议：日常观察幼儿在一日生活中每个环节的情绪如何。如在与同伴的交往中出现的情绪反应是否愉快，有无争执，能否明白是非，能否在别人的帮助下化解消极情绪。教师平时可以通过短小的故事，如《小猴过生日》，小猴因为过分高兴而睡不着觉，长颈鹿因丢失帽子而过分伤心等，让幼儿说说如果是自己会怎么做。

家长在一日生活中，观察幼儿能否恰当地表达和调控自己的情绪，在遇到生气或不高兴的事情时，能否在成人帮助下化解消极情绪或能够自己努力缓解。家长还可以通过讲述故事如《菲菲生气了》，让幼儿说说，喜欢菲菲吗？她做得对吗？如果是你会怎么做？

典型表现 2：表达情绪的方式比较适度，不乱发脾气。

测评建议：日常观察幼儿在集体生活中的表现，能否基本做到比较适度地表达情绪，不乱发脾气。极少用大哭大闹或攻击性的方式来表达自己的不愉快、不满，即使哭泣也能较快地评析并说出原因；难过、生气、不满时会找人抱怨，成人安慰说"不哭了""别生气了"，会逐渐平息激烈的情绪，愿意将注意力转移到其他事情上；遇到失望、挫折和失败时，在成人的安抚后能平静面对，而不是摔东西发脾气。

讨论：和幼儿讨论当自己或别人有不好情绪时，应当如何调整与帮助。

典型表现 3：能随着活动的需要转换情绪和注意。

测评建议：能有一些调节情绪的方法，努力让自己保持较好的心情。

游戏情景："学会快乐"。教师引导讨论：你最近遇到哪些令你不开心的事，心情怎样？用什么办法可以帮助我们把不愉快的心情赶跑，让快乐与我们做伴？如果做一件你喜欢的事可以让自己开心起来，你会做哪些事？

家长可以讲故事《生气的亚瑟》，并提问："小男孩亚瑟为什么生气？后来为什么不生气了呢？如果是你，你会怎样？"

成人应允许幼儿表达自己的情绪，但要让幼儿掌握一些自我调节的方法，知道哪些行为能让自己保持较好的心情。

目标三　具有一定的适应能力

典型表现1：能在较热或较冷的户外环境中连续活动半小时以上。

测评建议：在寒冷的冬季和炎热的夏季，观察幼儿进行户外锻炼的情况：在冬季是否出现打喷嚏、打寒战或者缩手缩脚不参与运动的情况，在夏季时是否出现大汗淋漓、精神不振的状态，能否坚持至少半小时的户外锻炼。如果是在春、秋季测评，则教师和家长根据上一个季节中幼儿的表现进行相应评价。

典型表现2：天气变化时较少感冒，能适应车、船等交通工具造成的轻微颠簸。

测评建议：观察幼儿适应季节变化能力、抵抗能力等，可利用外出参观、春秋游、旅行等活动观察幼儿能否适应各种交通工具的轻微颠簸，乘坐时面色自然，不晕车，不难受。

典型表现3：能较快融入新的人际关系环境。如换了新的幼儿园或班级能较快适应。

测评建议：刚升入大班的幼儿有较强的自信心，进入新环境或许会遇到新老师。教师可细心观察孩子在各项活动中的情绪表露是否正常，如入园情绪、与老师交流时的情态等。家长可以与孩子交流，了解孩子对新班级、新老师的看法，同时也可以看他上幼儿园的情绪如何，是紧张、害怕，还是正常等。

家庭中成员更换（包括保姆）后，幼儿是否能较快接纳新成员。家长带幼儿参加有新成员参与的聚会或回老家时，观察幼儿在新的人际关系环境中是否能较快融入其中。

动作发展篇

目标一　具有一定的平衡能力，动作协调、灵敏

典型表现1：能在斜坡、荡桥和有一定间隔的物体上较平稳地行走。

测评建议：建议该项集中测评。

观察幼儿能否在斜坡、荡桥和一定间隔的物体上较平稳地行走，能否较自然地在设置有一定间隔的物体上行走。走时上体正直，保持平衡；两臂自

然摆动，身体不摇晃。

　　游戏情景 1：将铁盒子（如月饼盒、饼干盒）放置在游戏场中，间隔约为 60 厘米，幼儿在间隔的盒子上练习平稳走；平放梯子，在梯子间隔挡里自如地行走；而"斜坡""荡桥"则可以利用幼儿园、社区的小土坡，如让幼儿练习爬土坡，从土坡上走下来等。

　　游戏情景 2：教师将轮胎一个接一个放在地上，幼儿在轮胎边缘上走，保持身体平衡不落地。也可利用幼儿园现有物质条件进行活动，如有"荡桥"运动玩具或土坡，均可利用。

　　家长可利用户外场地，如小区健身器材等进行活动，也可以观察幼儿在路牙上走的情形。

典型表现 2：能以手脚并用的方式安全地爬攀登架、网架等。

　　测评建议：建议该项集中测评。

　　观察幼儿能否钻爬和攀登障碍物，动作是否协调灵敏，能否手脚交替熟练地在攀登架、网架上爬上爬下。一般幼儿园都有大型玩具，利用现成的攀登架可以看到孩子在攀爬时手脚并用的协调能力如何。

　　该项目主要由教师测评。有条件的家长可利用社区运动器械观察与测评。

典型表现 3：能连续跳绳。

　　测评建议：建议该项集中测评。

　　教师可利用晨间、课间、游戏活动时间组织幼儿跳绳，主要看幼儿能否连续跳绳、方法是否正确：跳绳时手腕连续甩绳，绳子到面前时跳过，不停顿。

　　家长可利用休息时间和幼儿一起比赛，激发幼儿跳绳的乐趣。可组织一次"我是跳绳小能手"亲子比赛活动，家庭成员都参加。

典型表现 4：能躲避他人滚过来的球或扔过来的沙包。

　　测评建议：建议该项集中测评。

　　观察幼儿在奔跑中是否有躲闪、避让的技巧。

　　教师快速地向幼儿抛球或沙包，观察幼儿能否根据球或沙包飞行的方向迅速地躲闪、避让。

　　亲子可以一起玩传统的扔沙包游戏。

典型表现 5：能连续拍球。

　　测评建议：建议该项集中测评。

　　大班幼儿一般已能运球走。教师组织幼儿拍球："请你一边拍球一边走，一直走到对面的小椅子那里。"每个孩子的能力有差异，设置拍球活动时可

159

以有不同的难度,如边拍球边绕障碍物走,也可以拍球向前走。

目标二　具有一定的力量和耐力

典型表现 1:能双手抓杠悬空吊起 20 秒左右。

测评建议:建议该项集中测评。

教师组织幼儿玩"北京烤鸭"的游戏,进行练习与测评。即幼儿扮演烤鸭,抓杠悬空吊起,看是否能坚持 20 秒左右。

有条件的家长带领幼儿在小区的运动区域活动时进行观察,注意安全保护措施。

典型表现 2:能单手将沙包向前投掷 5 米左右。

测评建议:建议该项集中测评。

观察幼儿能否正确地挥臂投掷沙包,动作协调、灵活。

成人在运动场上设置间隔 5 米的两条线,并命名为起点线、终点线等。观察幼儿的投掷动作是否正确,是否能向前投掷 5 米左右的距离。正确动作是:手臂弯曲靠在肩上,两脚前后分开,身体后仰,用力蹬地向前投掷。

典型表现 3:能单脚连续向前跳 8 米左右。

测评建议:建议该项集中测评。

成人带领幼儿玩"跳房子"游戏。用粉笔在地上画两行格子,每个格子大小约为 40 厘米 ×40 厘米,每行 10 格,两行连在一起。幼儿单脚连续跳完 20 格即可得满分(可以踩线)。

典型表现 4:能快跑 25 米左右。

测评建议:建议该项集中测评。

观察幼儿能否向前快跑。

教师可以将参与测评的幼儿组织在一起进行跑步比赛。

家长也可以和幼儿进行亲子跑步比赛。

典型表现 5:能连续行走 1.5 公里以上(途中可适当停歇)。

测评建议:教师组织幼儿外出参观,或家长利用周末、假期带孩子外出、散步时,注意观察孩子的耐力。每个孩子会有所不同。

目标三　手的动作灵活协调

典型表现 1:能根据需要画出图形,线条基本平滑。

测评建议:建议该项集中测评。

提供纸笔等材料供幼儿绘画。给孩子一个明确的目标，观察孩子能否按要求完成。

游戏情景：绘画"京剧脸谱"。教师播放一段京剧音乐导入。引导幼儿观察京剧脸谱，知道它的特点，要求按特点作画。教师观察幼儿能否画出京剧脸谱的特征：用多种颜色画，以鼻子为中心，左右对称等。

家长在家可让幼儿画蜡笔画、水彩笔画，观察幼儿是否根据意愿画出图形，线条能否平滑。

典型表现2：能熟练使用筷子。

测评建议：日常生活中观察幼儿进餐时用筷子的情况，如使用筷子的方法是否正确，能否熟练地夹菜吃饭。

典型表现3：能沿轮廓线剪出由曲线构成的简单图形，边线吻合且平滑。

测评建议：建议该项集中测评。

大班幼儿经过小中班锻炼，已经能较熟练地使用剪刀，用剪刀时能沿轮廓线剪出由曲线构成的简单图形。可以收集一些旧的图书、画报，让幼儿将上面的图案沿边缘线剪下，从中可以看出幼儿在该方面发展如何。

典型表现4：能使用简单的劳动工具或用具。

测评建议：能用正确姿势使用剪刀、锤子、抹布、淋水壶、扫帚、刷子、小铲子等工具。

在值日生活动与家庭简单的劳动中观察与测评。

生活习惯与生活能力篇

目标一　具有良好的生活与卫生习惯

典型表现1：养成每天按时睡觉和起床的习惯。

测评建议：日常生活中，教师观察幼儿在园午睡的习惯，家长则在家观察幼儿早晚睡觉、起床的习惯，观察幼儿到固定的时间是否能按时入睡。

典型表现2：能主动参加体育活动。

测评建议：一日活动中，教师可合理安排和调节幼儿的体育锻炼，观察幼儿能否积极主动参加体育活动。家长则可在外出郊游或平时运动时观察幼儿。

幼儿应喜欢独自尝试或在成人的帮助下尝试玩不同的运动设备和运动器

械，能做出走、跑、跳、踢、攀、爬等较多的身体动作；喜欢带有挑战性的运动项目；自由活动中愿意主动带来有运动因素的玩具并自发进行锻炼。

典型表现3：吃东西时细嚼慢咽。

测评建议：平时进餐时观察幼儿是否有良好的饮食习惯，能否细嚼慢咽，是否边吃边玩。

游戏情景："食物的旅行"。教师带领幼儿观看PPT，了解各消化器官的名称和功能以及食物在人体内消化吸收的过程，学习简单的自我保护方法。提问："我们吃东西的时候应该怎么吃？"

典型表现4：主动饮用白开水，不贪喝饮料。

测评建议：教师注意观察幼儿在园期间能否主动喝水。

家长在家多提醒幼儿喝白开水，并说说喝白开水的好处，避免让幼儿接触到饮料，可鼓励幼儿吃水果，喝纯果汁、牛奶等，代替饮料。

这项以家长平时的观察为主。

典型表现5：主动保护眼睛。不在光线过强或过暗的地方看书，连续看电视等不超过30分钟。

测评建议：知道保护眼睛的重要性，懂得保护眼睛的正确方法。知道在书写或阅读时要注意坐姿端正、握笔正确，并注意用眼卫生。

游戏情景："谁做得对"。教师准备四张图片：图一是躺着看书；图二是在很暗的光线下看书；图三是在晃动的车上看书或长时间看电视；图四是以正确的姿势看书。教师先后出示四张图片，说："你认为图片上的行为正确吗？为什么？"引导幼儿说说眼睛与我们生活的关系，眼睛有什么用处。

师幼谈话，理解眼睛与视力的关系，激发幼儿保护眼睛的主动性。讨论：为什么有的人眼睛看东西清楚，有的人眼睛看东西不清楚？怎样保护自己的眼睛呢？

下学期在幼小衔接活动期间，可以组织幼儿观看相关图片，教师提问："小学生是怎样上课的？他们是怎样拿笔写字的？看书的时候应该怎么坐？看书的时间长了，我们可以用什么方法保护眼睛？"

家长和幼儿可以就家庭成员或幼儿比较熟悉的亲朋好友中戴眼镜的情况与现象进行讨论、分析，让幼儿知道应注意用眼卫生。平时观察幼儿看书、看电视等需要用眼的环节，及时提醒幼儿注意保护眼睛。为幼儿订立连续看电视、看电子屏幕不超过30分钟的规则，并共同执行。

典型表现6：每天早晚主动刷牙，饭前便后主动洗手，方法正确。

测评建议：教师在园观察幼儿饭前、便后洗手的方法是否正确，是否形成习惯；家长在家观察幼儿早晚是否主动刷牙，饭前便后是否主动洗手，刷牙与洗手的方法是否正确。

目标二　具有基本的生活自理能力

典型表现1：能根据冷热增减衣服。

测评建议：在户外活动、日常生活中，能根据天气的变化和身体的冷暖及时地穿脱衣服。

在户外活动中，教师注意观察幼儿的活动量，适时观察幼儿能否及时地穿脱衣服。幼儿园尽量在相应的场地边缘设置可以摆放衣物的设施，引导幼儿在不同场合设法摆放脱下的衣服：可以请保育员老师帮助拿一下，还可以系在腰间、搭在肩上等，充分发挥灵活性、主动性。

家长在家结合天气预报、幼儿的身体状况与运动情况，提醒幼儿增减衣物。

典型表现2：会自己系鞋带。

测评建议：建议该项集中测评。

在区角中增设自理区，投放练习扎蝴蝶结用的短绳或可穿鞋子的娃娃，让幼儿练习系鞋带。观察幼儿是否会系鞋带，两手能否较自如地打结、拉紧。让幼儿知道一定要系鞋带，不然鞋带容易绊倒自己。

通过念儿歌和讲故事的形式，让幼儿学习系鞋带。成人边念儿歌边示范系鞋带。如："两条小虫子，钻山洞，变呀变，变成两只兔耳朵，折呀折，绕一绕，弯一弯呀，拉呀拉，拉出蝴蝶飞飞飞！"让幼儿反复练习。成人观察幼儿能否按正确的方法系鞋带，动作是否协调。

游戏情景："我会系鞋带了"。请幼儿每人拿一根鞋带，反坐椅子，在椅背上练习打蝴蝶结。（注意一步一步地练习）请幼儿两两配对，将鞋带解开，互相帮助系鞋带。

家长参考上述方法让幼儿在家练习打蝴蝶结、系鞋带，并鼓励幼儿在家自己穿鞋、自己系鞋带，女孩子自己系围巾、丝巾。

典型表现3：能按类别整理好自己的物品。

测评建议：可在日常生活中观察并测评。

开展看图说话活动："齐齐和乱乱"。活动一开始，教师出示一张图片，说："有一个小朋友叫乱乱，我们来看一下他的小房间看上去怎么样？"孩子们一看，就尖叫了起来："哇，真乱！乱七八糟的！脏死了！"教师说："房间里的每样东西都到处扔，让人看了很不舒服。"紧接着教师再出示第二张图片，说："有一个小朋友叫齐齐，我们来看一下他的小柜子，看上去又是什么样子的呢?"孩子们会说："小房间里的每样东西都摆放得很整齐。"教师提问："你喜欢哪个小朋友?"

家长在家可以引导幼儿整理自己的小房间，看是否能将不同的个人物品分门别类地摆放到相应的家具中，如衣服叠放整齐放进衣柜，图书放进书架，玩具放进玩具柜等。

目标三　具备基本的安全知识和自我保护能力

典型表型1：未经大人允许不给陌生人开门。

测评建议：建议该项集中测评。

知道陌生人叫门时不开门，初步建立自我防范和自我保护的意识。

情境表演："爸爸妈妈不在家"。明明独自在家玩，边玩边说："今天爸爸妈妈出去买东西，让我好好看家。这回，我可要好好玩个够。"这时，门外传来了敲门声，一个陌生人问："有人在家吗?"明明问："你是谁啊?"陌生人说："我是查煤气的（我是你妈妈的同事），请开门。"教师提问："明明该怎么做?"

家长在家可以和幼儿玩真实模拟游戏，即让一位家长变化嗓音在门外要求进门，看幼儿的反应。对于学龄前幼儿，家长不可单独将其放在家中!

典型表现2：能自觉遵守基本的安全规则和交通规则。

测评建议：建议该项集中测评。

教师出示几种常见的与安全有关的标志，让幼儿了解它们的含义及与人们生活的关系。教师提问："你在哪里看见过这种标志？为什么在这些地方要有这些标志？没有这些标志会怎么样?"

家长在生活中随处要教给幼儿安全规则、交通规则，并带头执行。可以拍一些生活中常见到的安全规则标志图，和幼儿一起学习、巩固标志图的安全要求与意义。

典型表型3：运动时能注意安全，不给他人造成危险。

测评建议：建议该项集中测评。

提醒幼儿在运动时能按照教师的提醒玩器械、做运动，不能将一些尖利的物品拿在手里，也不能将吸管、筷子含在嘴里，不推搡别人，不打人。

组织幼儿到本园运动场，观察其他小朋友在操场上玩大型器械时，有哪些不安全因素。请幼儿说说自己运动时发生过的危险事情或看到的危险事情，如争抢上滑梯等，引起幼儿对安全的关注。提问："怎样避免伤害?"

家长带幼儿户外活动时，提醒幼儿注意安全，可以和幼儿一起在活动场地先找找有哪些不安全的因素，讨论应该怎样避免。

典型表现 4：知道一些基本的防灾知识。

测评建议：建议该项集中测评。

开展"走进自然灾害"图片收集活动，收集内容为自然灾害的种类、形成、如何预防等知识，将它们制作成展板展出，通过这些形象生动的图片让幼儿直观地了解雪灾、洪水、地震、海啸等自然现象及对人类的危害，从而帮助幼儿学会珍惜生命，关爱大自然。

教师提问："小朋友，假如我们碰到火灾了，我们应该怎么做？"幼儿可自由讨论：拨打火警电话 119；赶快离开现场，到邻居家呼救；用湿毛巾捂住口鼻，以免被浓烟熏着晕倒；走安全出口等。教师提问："遇到雪灾、洪水、地震呢？"

幼儿园应该每学期组织相关演练，提高幼儿的防灾意识与逃离灾难现场的技能水平。

家长在家也要带领幼儿了解居住环境中的防火通道、避难场所、安全设施等，并进行相关演练。在家注意用火、用电、用气安全，并配备相应的灭火设施，让幼儿认识，甚至使用。

二、语言领域

倾听与表达篇

目标一　认真听并能听懂常用语言

典型表现 1：在集体中能注意听老师或其他人讲话。

测评建议：知道要耐心倾听别人（包括其他幼儿）的讲话，等别人讲完再表达自己的观点。比如在老师讲话及同伴发言时观察幼儿的表现，或在饭前饭后、离园前让幼儿欣赏故事，观察幼儿的专注程度。

家长在家庭聚会、亲朋好友聚集的场合观察幼儿在别人说话时的表现。

典型表现 2：听不懂或有疑问时能主动提问。

测评建议：在日常集体活动中，观察幼儿是否能在听不懂或有疑问时主动提问。也可故意设置一些难题，让幼儿感到有困难而主动提问。

典型表现 3：能结合情境理解一些表示因果、假设等相对复杂的句子。

测评建议：建议该项集中测评。

能理解一些反映因果、假设、条件等关系的句子，能连贯大胆地想象和表达。

开展"假如我是××"的谈话活动。如"假如我是孙悟空"。提问："你认为孙悟空是一个什么样的人？你喜欢孙悟空吗？你为什么喜欢他？"启发幼儿根据生活经验、知识经验大胆地表达自己的设想。

目标二 愿意讲话并能清楚地表达

典型表现1：愿意与他人讨论问题，敢在众人面前说话。

测评建议：一日活动中，为幼儿提供表述的机会，可以围绕一个主题，让幼儿根据自己的经验大胆、较清楚地讲述自己的想法，积极讨论问题。

在班里设置"故事会"或"新闻演播厅"环节，每天安排不同的几名幼儿给全班小朋友讲述故事或播报新闻，并每周评选"故事大王""最佳新闻播报员"。这些故事或新闻最好是家长在家亲子阅读过的，幼儿第二天将图书、绘本、剪报带回班上，通过投影边演示（教师协助）边讲述。

家长要多和幼儿就一些感兴趣的话题进行讨论，特别是碰到困难、遇到问题时，在并不急于解决的情况下，不要先提出办法，而是先与幼儿进行充分讨论。鼓励幼儿在亲友聚会时讲故事、讲小笑话、出谜语等。对于不敢在众人面前讲话的幼儿，家长应在不同的场合给幼儿以示范，比如到幼儿班级担任家长助教、组织活动；给幼儿观看家长公开演说、报告、表演的录像（在允许的情况下，最好带幼儿到现场观看家长公开演讲、表演等）。

典型表现2：会说本民族或本地区的语言和普通话，发音正确清晰。少数民族聚居地区幼儿基本会说普通话。

测评建议：日常生活中注意幼儿的发音，看幼儿是否能够用自然的声音讲话，是否会用本民族或本地区方言以及普通话进行交流。

典型表现3：能有序、连贯、清楚地讲述一件事情。

典型表现4：讲述时能使用常见的形容词、同义词等，语言比较生动。

测评建议：建议典型表现3与典型表现4一起集中测评。

能围绕一件事用连贯的语言表达自己的意思。

开展"最好玩的一件事""最开心的事情"等谈话活动，鼓励幼儿完整讲述事情的经过，从中观察幼儿能否使用一些常见的形容词、同义词等，语言是否比较生动。

目标三　具有文明的语言习惯

典型表现1：别人讲话时能积极主动地回应。

测评建议：日常生活中多给幼儿提供倾听和交谈的机会，让幼儿和老师、同伴一起谈论感兴趣的话题，或一起看图书、讲故事，借机观察幼儿对别人讲话时能否积极主动地回应。平时在教育教学活动中，观察幼儿在教师提问时和其他环节活动中的回应等。

家长则可观察幼儿在家与自己的互动情况。

典型表现2：能根据谈话对象和需要，调整说话的语气。

测评建议：建议和典型表现4"能依据所处情境使用恰当的语言。如在别人难过时会用恰当的语言表示安慰"一起进行测评。

观察幼儿能否根据谈话的对象和需要，运用恰当的语调。

讲故事"我和鹦鹉说话"。先让幼儿听故事，引导幼儿充分体验我与鹦鹉的心理变化——刚开始对话时，"我"并无嗔怒之感，但不太礼貌。"我"反驳鹦鹉时，有点生气，鹦鹉也不甘示弱地反驳。于是，"我"的怒气愈加大起来，鹦鹉也动了肝火。教师提问："如果是你，该如何调整说话的语气？"

教师也可以观察幼儿在娃娃家中扮演不同角色时说话的语气。

家长可以观察幼儿对亲友家或邻居家的哥哥姐姐、弟弟妹妹，甚至婴儿说话的语气，以及在家里玩娃娃家游戏中的表现。特别是在不同的场合，比如说有求于人（要和哥哥姐姐一起玩、想要弟弟妹妹的玩具、希望爸爸妈妈带自己出去玩、想要某种心爱之物等）之时，去探访病人时，幼儿的语调是否恰当。

典型表现3：懂得按次序轮流讲话，不随意打断别人。

测评建议：开展讲述活动时观察幼儿在活动中是否懂得按次序轮流讲话，不随意打断别人。

观察幼儿是否有耐心、仔细倾听别人讲话的意识。教师说："今天我们来听一个关于习惯的故事。故事的题目叫《大熊有一个小麻烦》。"教师提问："大熊有个小麻烦，它找谁帮忙了？大熊的麻烦解决了吗？你怎么知道的？大熊为什么总是不能解决麻烦呢？问题出在哪里呢？"（大熊没有说清楚，别人没有让大熊把话说完）

家庭聚会时，观察幼儿是否能不抢话、不随意打断别人说话，想说话的时候懂得轮流，知道等别人说完再自己说，或是用身体动作如举手示意自己有话说。

典型表现4：能依据所处情境使用恰当的语言。如在别人难过时会用恰

测评建议：建议和典型表现2"能根据谈话对象和需要，调整说话的语气"一起测评。

平时观察在一些特殊的情况下，比如小朋友生气了、生病了，幼儿是否能说一些安慰的话。

给幼儿讲《小乌龟开店》的故事。教师说："小乌龟说自己没有长鼻子，没有大嘴巴，没有大口袋，难道自己真的一点用都没有了吗？听了小乌龟的话，你觉得它心里怎么样？小乌龟很难过，你看它都流眼泪了，怎么办？我们赶快来安慰安慰它，好不好？"

家长可以和幼儿进行谈话："如果妈妈在外面碰到不愉快的事情，回来不开心了，你会怎么说，就能使妈妈高兴起来呢？""奶奶生病了，很不舒服，你说什么话可以安慰到她呢？"平时在家也要观察幼儿在这些特殊情况下的反应，引导幼儿关心家人，用力所能及的方式表达对家人的关爱。

阅读与书写准备篇

目标一　喜欢听故事，看图书

典型表现1：专注地阅读图书。

测评建议：在平时的阅读活动中，观察幼儿能否专注地阅读。

幼儿人手一册图书自由阅读。在阅读时，教师观察幼儿是否会按顺序一页一页翻看，坐姿是否正确，阅读是否专注。

家长观察幼儿在家能否一个人专注地看完一本图书，而不是时刻都要家长陪同、讲解。

典型表现2：喜欢与他人一起谈论图书和故事的有关内容。

测评建议：能和大家一起讨论图书和故事内容。

幼儿每人从家里带来一本图书，开展"故事会"活动，可以两到三人读一本书，之后书的主人将书里的内容讲给大家听。教师引导提问："谁能把你带来的书介绍给大家？告诉小朋友你的图书叫什么名字？书里有谁？说了些什么事情？"

家长观察幼儿在家自己看完一本书后，能否主动和家长谈论看到的画面故事。家长也可有意识地询问："你看的是什么书？讲了个怎样的故事？你喜欢故事里面的谁？为什么？"

典型表现3：对图书和生活情境中的文字符号感兴趣，知道文字表示一定

测评建议：知道标志、文字符号的用途，会对文字提问："这是什么字？"如知道医院、公用电话等生活中的常见标志，知道标志可以代表具体事物。能结合生活实际体会文字的用途。如知道买来新玩具时，阅读说明书上的文字可以帮助我们了解玩具的玩法。

在幼儿对文字、标志符号感兴趣的情况下，成人可以告知并帮助幼儿认识，但切忌为认字而进行的识字教育。

目标二　具有初步的阅读理解能力

典型表现1：能说出所阅读的幼儿文学作品的主要内容。

测评建议：建议该项集中测评。

引导幼儿仔细观察画面，结合画面讨论故事内容；和幼儿一起讨论或回忆书中的故事情节，引导幼儿有条理地说出故事的大致内容。

典型表现2：根据故事的部分情节或图书画面的线索猜想故事情节的发展，或续编、创编故事。

测评建议：建议该项集中测评。

能认真倾听故事，根据故事提供的线索，大胆想象，创造性地、合理地续编故事情节，并连贯、完整及较生动地表达自己的想法。

续编故事：（1）故事导入。教师："美丽的小树林里，住着许多可爱的小动物。你们看，这是谁的家？（小兔的家）今天是兔妈妈的生日，邀请了许多朋友到家里来做客。她对小兔说：'孩子，帮妈妈去买生日蛋糕，好吗？'小兔子高兴地说：'好的。'说着，拿过钱飞快地跑出了家门。一会儿，兔妈妈请的客人都到齐了，大家一块等着小兔回家。可是左等右等，还是没见小兔回来。小兔在路上会发生什么事呢？兔妈妈可着急了。"（2）讨论、构思故事的中间部分。教师："请小朋友帮兔妈妈想一想，小兔在路上可能发生什么事？（可能是危险的事，也可能是有趣的事）小兔是怎么做的？"

家长在家可挑选一本有不同故事结尾的绘本，让幼儿续编结果。

典型表现3：对看过的图书、听过的故事能说出自己的看法。

测评建议：挑选一本幼儿熟悉的图书或故事，让幼儿谈谈自己的看法。观察幼儿能否用连贯、完整的语句，就自己感兴趣的事谈出自己的想法。

教师或家长提问："每个人都有自己最喜欢的一本书，你最喜欢的是哪一本呢？为什么喜欢？"让幼儿介绍自己最喜欢的一本书，并说明理由。

典型表现4：能初步感受文学语言的美。

测评建议：建议该项集中测评。

有意识地引导幼儿欣赏或模仿文学作品的语言节奏和韵律。通过表情、动作和抑扬顿挫的声音传达作品的情绪情感，让幼儿体会作品的感染力和表现力。选择的文学作品应该是幼儿已有的经验能大概理解的或者是他们已经学过的。

如一起欣赏诗歌《秋天的雨》。提问："你觉得这首诗歌美吗？哪里美？哪些话让你觉得美？你能想到什么？"

目标三　具有书面表达的愿望和初步技能

典型表现1：愿意用图画和符号表现事物或故事。

测评建议：建议该项集中测评。

图画和语言都是符号，二者是相通的。

画故事：成人可在幼儿熟悉某个故事的前提下，帮助幼儿掌握用连环画的方法来表现具有多个情节的故事。每张纸画一个故事情节，有几个情节就画几张纸。在掌握这种表达方式的情况下，鼓励幼儿用绘画结合符号的方式，创编故事。

典型表现2：会正确书写自己的名字。

测评建议：观察幼儿是否知道自己名字的由来、含义，会认读自己的名字，能否在自己的作业单上有序地写出自己的全名。

典型表现3：写画时姿势正确。

测评建议：观察幼儿是否有正确的书写姿势和握笔姿势。

学习儿歌《一拳一尺一寸》。教师说："今天咱们要学习一首儿歌，这首儿歌可以让你变成写字小能手，还能让你拥有一双像月亮一样明亮的眼睛。这首儿歌是：小朋友，坐坐好，书写姿势很重要，眼睛离本一尺远，胸离桌子一拳头，手握笔尖一寸高，一尺、一寸、一拳头，时时刻刻要记牢。"让幼儿按照儿歌里的内容现场做一做，教师观察幼儿能否做到。

三、社会领域

人际交往篇

目标一　愿意与人交往

典型表现 1：有自己的好朋友，也喜欢结交新朋友。

测评建议：建议该项集中测评。

平时在园愿意参加小朋友的游戏，愿意邀请小朋友到家里玩，感受有朋友一起玩的快乐。在实践中掌握交朋友的方法与技巧，会介绍自己，会表达交朋友的愿望。

将本周需要测评的不同班的小朋友集中到一起，举办"交友会"。教师说："今天我们请来了不同班的小朋友，开个'交友会'。请你们把自己的玩具、图书与小朋友一起分享，并和他们一起玩，交友会结束后，请和你的好朋友坐到一起。"观察幼儿能否适应人际交往中的变化，乐意接纳和认识"新朋友"。

家长可以通过亲子聊天，了解幼儿是否有自己的好朋友；平时与亲朋好友家庭聚会或与社区小朋友一起游戏时，观察幼儿是否愿意结交新朋友。

典型表现 2：有问题愿意向别人请教。

测评建议：有初步处理突发事件的应变能力，知道遇到问题（困难）向别人请教，以得到别人的帮助。提供超出幼儿能力发展的游戏，如在拼图时增加块数，打开一个有难度的罐子等，观察幼儿能否向别人请教、请求帮助。但注意是在幼儿通过个人努力后再求助，而不主张幼儿尚未尝试就放弃。

典型表现 3：有高兴的或有趣的事情愿意与大家分享。

测评建议：在全天生活中安排"快乐分享时光"活动，每周请要测评的幼儿讲讲自己觉得开心、有意思的事情。知道分享是一件很快乐的事情，生活中的许多事情可以分享。观察幼儿是否有乐于与他人分享的愿望。

家长可以先说说自己感到开心、有趣的事情，然后请幼儿说一说自己的秘密是什么，并说说自己觉得快乐、有趣的事情。幼儿如果感兴趣，每天都可以进行类似的亲子交谈活动。

目标二　能与同伴友好相处

典型表现1：能想办法吸引同伴和自己一起游戏。

测评建议：在日常生活中，当幼儿想与同伴一起游戏，或提出请求不被接受时，观察幼儿能否用语言或行为邀请同伴。如拿出玩具邀请大家一起玩，主动说"我们一起玩吧"。

教师设置一项游戏，需要和同伴合作完成，观察幼儿如何吸引同伴和自己一起游戏。

家长提问："东东想和小朋友一起玩，但是别人不愿意和他一起玩。东东该怎么办？如果你碰到这样的情况会怎么做，怎样才能吸引小朋友和自己一起玩？"家长带幼儿在社区玩的时候，应鼓励幼儿想方设法吸引其他小朋友一起游戏。办法可以一起想，但操作应该由幼儿完成，家长不能代替幼儿邀约。

典型表现2：活动时能与同伴分工合作，遇到困难能一起克服。

测评建议：建议该项集中测评。

为幼儿提供需要大家齐心协力才能完成的活动，知道在活动中合作的重要性，会与同伴商量，分工合作完成同一任务。

将本周测评的幼儿集中在一起，合作建构活动——"立交桥"（或其他建筑，如城堡、天安门等）。教师提问："立交桥是什么样子的？请你们合作完成搭一座立交桥。"观察幼儿在活动中能否与同伴分工合作，一起克服困难。在活动过程中会与同伴一起协商，如"你搭桥墩，我搭桥面"。

家长在家可以和幼儿一起商量怎样办生日会，并一起准备，分工合作，遇到困难一起想办法。

典型表现3：与同伴发生冲突时能自己协商解决。

测评建议：与同伴有冲突时，会尝试用大人建议的话语去解决冲突，以协商、说出自己的权利及考虑另一位小朋友的需求等方式来解决与同伴的争议："我用胶水粘完这两张纸就给你。"具有维持与同伴良好关系的简单技能，如轮流玩而不推挤、等待轮到自己。能与同伴一起搬桌子或一起为集体做事："你搬前面，我搬后面。"等等。

观看情景表演或讲故事。情景：小明和小红为争抢科学角的玩具争吵起来，谁也不愿退让。教师提问："如果你是其中一人，你该怎么办？"

家长观察幼儿平时与同伴一起玩耍时的情景，能否做到发生冲突自己协商解决。日常生活中，幼儿之间发生冲突，只要不涉及安全问题，家长应尽量旁观，把解决问题的时间留给幼儿，也就是把发展与锻炼的机会留给幼儿。切忌在幼儿之间发生冲突时，家长迫不及待地冲上前去。

典型表现4：知道别人的想法有时会和自己不一样，能倾听和接受别人的意见，不能接受时会说明理由。

测评建议：建议与本篇目标三中的典型表现5"与别人的看法不同时，敢于坚持自己的意见并说出理由"一起集中测评。

将本周要测评的幼儿集中在一起，让大家讨论"风是好还是不好"（或类似值得辩论的话题，如"用塑料袋好不好"等），观察幼儿是否有自己的想法，当和别人的想法不一样时，他有什么反应和表现。

家长在家可以就近期家中需要商量的议题提出讨论，每个家庭成员都发表个人看法，充分讨论，尤其要让幼儿自由发表意见。观察当自己与别人的意见不统一时，幼儿能否接纳别人的意见并说出自己的理由。经常性地进行平等、友好的家庭讨论，有利于培养有主见、善于表达、有民主意识、懂得尊重与自尊的幼儿。

典型表现5：不欺负别人，也不允许别人欺负自己。

测评建议：结合日常生活观察。

通过设置情景或讲故事，让幼儿讨论，知道不能欺负别人，而当别人（无论大小）欺负自己的时候，要力所能及地表达愤怒、抗议、求助，并把事情经过告诉大人。

目标三　具有自尊、自信、自主的表现

典型表现1：能主动发起活动或在活动中出主意、想办法。

测评建议：建议该项集中测评。

可利用"生日会"请幼儿和同伴商量表演节目，看幼儿能否主动发起一个节目，并积极出主意、分配角色、准备道具等。家长可以协助，可以从中观察幼儿的表现。

还可以开展活动"我会做计划"。教师提问："幼儿园就要开运动会（或其他活动）了，在运动会上我们可以进行哪些比赛项目?"让幼儿自由交流讨论。

家长可以提出外出旅游、家庭聚会等想法，让幼儿自己做计划：准备到哪里？怎么玩？

典型表现2：做了好事或取得了成功后还想做得更好。

测评建议：在平时一日活动中观察幼儿，也可设置情景进行集中讨论。家

长可通过幼儿在家帮忙做些力所能及的家务事后表扬、鼓励，并观察其表现。

典型表现3：自己的事情自己做，不会的愿意学。

测评建议：有独立、自理意识，知道自己的事情应该自己做。观察幼儿是否具备初步的生活自理能力，具有自我服务的相关技能。

通过游戏活动，让幼儿克服困难，自己的事情自己做。如"两人三足走"，让幼儿自己尝试系绳子，不会系的愿意学习。另外，还可以通过整理书包、自己的床铺、衣柜等来观察。

家长则可在家引导幼儿讨论自己可以做哪些家务事，让幼儿尝试整理自己的房间等。

典型表现4：主动承担任务，遇到困难能够坚持而不轻易求助。

测评建议：平时观察幼儿能否主动承担一些任务，如打扫包干区卫生时，在家帮助倒垃圾或到商店买东西时能否主动提出承担任务，观察幼儿在不涉及危险的情况下自己坚持克服困难，而不向成人求助。

典型表现5：与别人的看法不同时，敢于坚持自己的意见并说出理由。

测评建议：建议与本篇目标二中的典型表现4"知道别人的想法有时会和自己不一样，能倾听和接受别人的意见，不能接受时会说明理由"一起集中测评。

这项可以在科学活动中观察幼儿，如幼儿园大班科学活动"沉浮游戏"。游戏准备：每组一个脸盆，装有半盆水；擦手毛巾每人一条，钥匙、小木块、玻璃球、夹子、海绵、橡皮泥等小物品。教师说："今天我们班来了许多物品宝宝，它们就躲在你们的椅子下，找出来看看是谁呀？"幼儿说："是钥匙、小木块、玻璃球、夹子、海绵、橡皮泥。"教师说："今天我们要和这些物品宝宝做一个玩水的游戏，把它们放到水里会怎么样呢？猜猜看。"教师观察幼儿与别人的看法不同时的表现，如"我认为那个会浮起来，那个会沉下去，因为……"

家长和幼儿就某一话题进行正反方的讨论。如：家里养狗好不好？

目标四　关心尊重他人

典型表现1：能有礼貌地与人交往。

测评建议：这项可以在平时角色游戏过程中观察，也可在一日生活中观察。家长则可在家观察孩子与家人的交往及外出时与其他人交往中的表现。

典型表现2：能关注别人的情绪和需要，并能给予力所能及的帮助。

测评建议：知道人们都会碰到各种各样的困难，需要大家互相帮助，在别人需要时，我们应该给予力所能及的帮助。

谈话"我该怎样帮助他"。教师讲述故事《七彩虾》，提问："小青鱼帮助别人后心里会怎么样呢？"（很开心、很快乐……）组织讨论："你认为小青鱼这样做好吗？好在哪里？"再和幼儿讨论帮助的方法，知道人与人之间应互相帮助。教师提问："我们能用什么办法来帮助他们解决？"让幼儿先讨论再说。

教师也可提供一些图片，如一些需要帮助的人，让幼儿讨论可以怎样帮助他们。

家长可以带幼儿向乞丐、流浪者赠予衣食，向贫困地区、灾民捐资捐物，向社区贫困家庭进行帮扶等。

典型表现3：尊重为大家提供服务的人，珍惜他们的劳动成果。

测评建议：知道为大家提供服务的人很辛苦，要珍惜别人的劳动。如"认识清洁工"。提问："清洁工很辛苦，我们应该怎么做？"（教育幼儿要尊敬他们，对清洁工要有礼貌；我们要讲卫生，不乱扔垃圾、爱护环境，减轻他们的工作等）提问："在幼儿园、家里我们该怎么做？"（不随便乱扔玩具，东西用完要归位，吃饭保持干净等）

典型表现4：接纳、尊重与白己生活方式或习惯不同的人。

测评建议：建议该项集中测评。

知道不同民族、种族、宗教信仰、地区的人会有不同的生活习俗，不同的人也有不同的生活方式与习惯，应该尊重他人的不同。知道到不同地区旅行，要尊重当地习俗，并入乡随俗。知道祖辈的某些生活习惯和自己不同，要满足祖辈无危险隐患的生活要求。

讨论："你们老家过年有什么风俗？和我们这里有什么不同？不同好不好？要不要全国都一样呢？""你去旅行的时候，有没有发现当地有什么生活习惯和我们这里不同的？你去到那里是怎么做的？要不要和他们一样？"

社会适应篇

目标一　喜欢并适应群体生活

典型表现1：在群体活动中积极、快乐。

测评建议：知道班级是个大集体，能积极参加大集体的活动。观察幼儿在班级活动、外出游玩时的情绪表现。家长观察幼儿在亲友聚会时的情绪表现。

典型表现2：对小学生活有好奇和向往。

测评建议：通过"幼小衔接"的活动，激发幼儿对小学生活的好奇和向往，知道当小学生是光荣的。

对于上学期测评的幼儿，家长根据幼儿对亲友、邻居家的小学生的态度来判断。

目标二　遵守基本的行为规范

典型表现1：理解规则的意义，能与同伴协商制定游戏和活动规则。

测评建议：建议该项集中测评。

在幼儿园一日活动中，能了解各环节的基本行为规则或其他游戏规则，知道规则的重要性，能理解规则意义，有规则意识。游戏中，能与同伴协商制定游戏和活动规则。

教师提供材料为游戏设置障碍，提问："五子棋区只能供四个小朋友玩，有更多的小朋友要玩怎么办？"让幼儿自己想办法制订出规则。

家长在家玩亲子游戏时有意识地引导幼儿一起制订游戏规则。

典型表现2：爱惜物品，用别人的东西时也知道爱护。

测评建议：教师观察幼儿在幼儿园取放物品时是否能轻拿轻放，有损坏时是否能及时修补。让幼儿从家里带一件自己最喜欢的玩具到幼儿园和大家交换玩，教师细心观察幼儿在玩时是否能爱惜别人的物品。

家长可在家观察幼儿是否养成以上的良好行为。

典型表现3：做错了事敢于承认，不说谎。

测评建议：知道说谎会给自己和他人带来不好的后果，应该做个诚实的人。设置情景：东东将花瓶打碎了，妈妈问他时，他说："不是我打碎的。"

讨论：东东这样做对吗？如果你是东东，你会怎么做？

家长讲传统故事《狼来了》，和幼儿讨论说谎后会发生什么事，帮助幼儿了解说谎的危害，让幼儿明白在日常生活中不能说谎。

典型表现4：能认真负责地完成自己所接受的任务。

测评建议：根据幼儿表现，判断其是否有任务意识和责任感。能完成一些力所能及的任务，有责任感和认真负责的态度。如能记住老师布置的任务，回家告诉父母，提醒父母共同完成，如"妈妈，帮我准备一个空书包。老师说明天要用""妈妈，老师要求明天带个空瓶子"；当天未完成的建构或火花作品等，第二天会继续完成。

能认真完成值日生的任务，如搬桌椅、分发碗筷、整理玩具等。知道自己担任值日生的时间，态度主动积极："今天是我值日，我要早点回幼儿园搞卫生""我来做，今天我是值日生""我是值日生，我来搬东西"。

家长在家可有意识地交给幼儿一些力所能及的事情，观察幼儿是否能够完成，完成的情况如何？

典型表现5：爱护身边的环境，注意节约资源。

测评建议：教师平时将环保教育纳入到各科教学，贯穿到幼儿一日活动中，使幼儿知道保护环境、节约资源的一些做法。

教师出示四张图片，图一是大树被砍光了，小鸟没有家了；图二是一个水龙头在"哗哗"流水；图三是垃圾乱扔。提问："你看到了什么？你认为该怎么做？"考察幼儿的环保意识如何。

家长可观察幼儿平时在家用水、用电、处理垃圾及外出时对环境保护的意识与行为，也可引导幼儿讨论：我们该怎样保护环境，节约资源，不浪费。

目标三　具有初步的归属感

典型表现1：愿意为集体做事，为集体的成绩感到高兴。

测评建议：给幼儿分配一些力所能及的任务，如打扫包干区、值日等，看他能否积极地完成。观察幼儿在运动会、早操比赛等集体活动中取得成绩后的情绪。开展"我为集体做什么"的谈话活动。教师提问："小朋友都是班集体中的一员，你能为我们的集体做些什么呢？"组织幼儿进行擦桌椅和橱柜、清洗玩具、为植物浇水等实践活动。

家长根据平时幼儿对班集体大型活动的情绪反应来判断。

典型表现2：能感受到家乡的发展变化并为此感到高兴。

测评建议：建议该项集中测评。

知道自己居住地在交通、购物、游玩及住房等方面的情况，能发现家乡发展的一些变化。

教师出示木偶老爷爷，以他的口吻简单介绍家乡以前的样子："我以前住的地方没有公共汽车，没有商场，更没有地方玩，我的家乡现在是什么样子呢？"请幼儿给老爷爷介绍一下。（交通、购物、游玩及住房方面的情况）

节假日家长可带幼儿在居住地游览，一起感受家乡的发展变化，找一些老照片和现在的场景进行对比，让幼儿谈谈对这些变化的认识与看法。

典型表现3：知道自己的民族，知道中国是一个多民族的大家庭，各民族之间要互相尊重，团结友爱。

测评建议：建议该项集中测评。

可以通过"民族大联欢"活动让幼儿认识多个民族，知道一些少数民族的生活习惯，知道我们是一家人，各民族之间要互相尊重，团结友爱。

提问："你知道自己是哪个民族的吗？中国还有哪些民族？不同的民族有什么不一样？我们要怎样对待其他民族的人？"

典型表现4：知道国家一些重大成就，爱祖国，为自己是中国人感到自豪。

测评建议：建议该项集中测评。

知道万里长城、故宫等著名建筑都是中国人建造的，能说出自己游览了祖国的哪些地方。

提问幼儿是否知道祖国的全称和首都的名称，能否在世界地图上找到中国。让幼儿知道祖国很大，有灿烂的文化，萌发做中国人的自豪感。让幼儿了解祖国的国旗、国歌、语言、文字、戏剧、特长及一些重大成就等。

提问："我们国家的全称是什么？首都在哪里？国旗叫什么？国歌的歌名是什么？我们国家有哪些著名的景点？你去过哪里？你觉得那个地方怎么样？美在哪里？你知道我们的语言叫什么吗？我们的文字叫什么？中国人有什么了不起的成就？"等等。

四、科学领域

科学探究篇

目标一　亲近自然，喜欢探究

典型表现1：对自己感兴趣的问题总是刨根问底。

测评建议：观察幼儿在活动中是否喜欢问"为什么"，是否坚持对问题刨根问底。日常集体活动中观察幼儿能否对自己感兴趣的问题不断发出提问。

典型表现2：能经常动手动脑寻找问题的答案。

测评建议：平时观察幼儿在科学区和科学活动中的表现，能通过探索活动，找到问题的答案。

游戏情景："能滚的……"准备：各种球状、圆柱状的物品，方形等物体若干。教师和幼儿一起通过探索找出会滚的物体。引导幼儿讨论：这些物体滚动的情况都一样吗？有什么不同？（如球体与圆柱体在地面滚动时的不同）

亲子讨论：皮球、轮胎等物体滚动时都走直线吗？怎样让橡皮泥球浮在水面上？

典型表现3：探索中有所发现时感到兴奋和满足。

测评建议：教师提供一个可供探索的问题，观察幼儿是否能从中有所发现、情绪高涨，能否与同伴交流自己的发现。可在科学区域活动中观察幼儿在探索中的兴趣，有条件时和幼儿一起做一些简易的调查或有趣的小实验。如在科学区提供一些有关摩擦起电、沉浮等科学小实验材料供幼儿游戏，从中观察幼儿在自己发现奥秘时的情绪如何，是否有兴奋和满足感。

家长可以带着幼儿一起探索，如和幼儿拆装或动手自制玩具，帮助幼儿寻找、发现，并注意观察幼儿的情绪。

目标二　具有初步的探索能力

典型表现1：能通过观察、比较与分析，发现并描述不同种类物体的特征或某个事物前后的变化。

测评建议：建议该项集中测评。

引导幼儿观察种植区的不同植物，说出几种植物间的异同，各有什么特点。

"认识茶叶"：将茶叶放进玻璃杯，倒入开水，让幼儿说说茶叶是什么样子的，倒入开水后，茶叶有什么变化。

家长在家可以让幼儿通过观察、比较，发现并讲述橙子和橘子的异同、特点，将水果榨汁后，让幼儿说说有什么变化。

典型表现2：能用一定的方法验证自己的猜测。

测评建议：建议该项集中测评。

观察幼儿能否认真大胆地尝试，并能通过实验证实自己的猜测。

游戏情景：教师手拿两个小玩具，提问："老师手里有什么？要是我松手，它们会怎样？所有的物体都会这样吗？老师这里有沙包、羽毛、塑料袋，请小朋友猜一猜它们哪个落得最快？哪个落得最慢？怎样证明你的想法呢？怎样实验才比较公平？"最后让幼儿操作。

家长和幼儿一起玩风车时，鼓励幼儿猜测风车转动方向及速度快慢的原因和条件，并进行验证。

典型表现3：在成人的帮助下能制定简单的调查计划并执行。

测评建议：可以和典型表现4一起进行测评。

能够在家长或老师的帮助下通过讨论制订一项调查计划，并有计划地调查执行。教师可发动家长与幼儿一起制订简单的调查计划并执行。如与幼儿一起设计一张垃圾分类的表格，将垃圾分为三种：有毒、可回收、不可回收。并根据设计的表格进行调查。

又如"我们家的种养计划"活动。完成一张"我们家可以进行的种养活动"调查表（主要有"人物""种养的内容""需要的材料"三栏）。家长提问："你想进行哪种活动呢？"根据幼儿的种养计划，家长安排种养活动。注意观察幼儿在日常生活中对种养对象的照顾，能否及时了解种养植物的变化。可以种植一些生长较快的植物，比如姜、豆芽、蒜等。

典型表现4：能用数字、图画、图表或其他符号记录。

测评建议：可以和典型表现3一起进行测评。

在科学活动中能用数字、图画、图表或其他符号记录一种发现。

游戏："物体是怎样移动的"。提供各种形状、轻重不同的纸盒、积木、铁块和塑料玩具若干，记录表一张。教师提问："桌上放着各种各样的东西，它们现在没有动，你有什么方法让它们动起来？哪些方法不能让它们动起来？将你的方法和发现记录在纸上。"将几种物品画在一排，幼儿在下方用数字、图画、图表或其他符号记录。

家长结合季节特征，设计"夏（冬）天到"活动，让幼儿对夏（冬）天的用品进行分类。可以设计"夏（冬）天调查表"，请幼儿画出自己找到的夏（冬）天（每格画一种代表性物品的图标）。鼓励幼儿在周围环境里发现夏（冬）天的特点，提问："我们在夏（冬）季会用到一些什么特别的东西呢？我们可以将它们怎样分类？"

典型表现5：探究中能与他人合作与交流。

测评建议：建议该项集中测评。

观察幼儿能否在小组活动中分工合作，明确各自承担的任务并勇于尝试，不怕失败，体验与同伴合作的快乐。能与同伴合作探究与分享交流，在交流中尝试整理、概括自己探究的成果，体验合作探究和发现的乐趣。

游戏情景："两人三足走"。让幼儿两两合作，互相获取走得快、走得稳的经验，如合作探究绳子系在哪个部位，两人如何协调步伐如用喊口令的方法等。

亲子在有阳光的空地上站好，通过相互追逐、躲闪踩对方的影子，交流有关影子形成、变化的相关经验。

目标三　在探究中认识周围事物和现象

典型表现1：能察觉到动植物的外形特征、习性与生存环境的适应关系。

测评建议：建议该项集中测评。

能关注和思考动植物的外部特征、习性与生活环境对动植物生存的意义。如兔子的长耳朵有什么用处？（自我保护的作用）植物种子的形状有何作用？（有助于其传播等）长颈鹿的脖子为什么这么长？（觅食）蒲公英、苍耳是怎样传播种子的？变色龙是怎样保护自己的？……

典型表现2：能发现常见物体的结构与功能之间的关系。

测评建议：建议该项集中测评。

通过认识交通工具等主题活动，让幼儿知道带轮子的物体方便移动，能说出不同用途的车辆有哪些不同的结构等。

家长让孩子观察、了解鸡蛋盒的设计与鸡蛋运送要求的关系、家电包装与家电外形的关系、真空包装与物品特性的关系等。

提供一些常见的生活用品，请幼儿观察这些用品的结构，并提问："你喝水的杯子是怎样的？为什么这样设计？""玩具架为什么是这样一层一层的？为什么要装上轮子？"等等。

典型表现3：能探索并发现常见的物理现象产生的条件或影响因素，如影子、沉浮等。

测评建议：建议该项集中测评。

能根据常见物质、材料的特性和物体的结构特点，推测和证实它们的用途。教师播放一段皮影戏观察幼儿能否发现光与影之间的关系，了解影子形成的原因。讨论：皮影戏需要哪些材料？是怎么摆放的？为什么一定要有光？光源在哪里？剪影放在哪里？为什么要这样放？

家长在家可以和幼儿进行"水的三态""沉浮"等实验，观察并了解这些物理现象产生的条件或影响因素。如"水的三态",和幼儿一起接一小杯开水,先观察开水表面冒出的气体,提问:"这些气体是什么?"(水蒸气)"怎么产生的?"(水加热到沸点后变成了气体)一段时间后,水蒸气消失了,再提问:"现在为什么没有水蒸气了?"(水温降低了)"我们把这杯水放进冰箱里面,看看温度更低的时候会是怎样的?"(一半放进冷藏层,一半放进冰冻层,以便对比观察,了解到气温低于0度,水才能变成冰)

典型表现4:感知并了解季节变化的周期性,知道变化的顺序。

测评建议:建议该项集中测评。

教师小结本季节来临的变化:"×季来临时有许多变化……"提问:"还能回忆起其他的季节是怎样的吗?各个季节有什么特征?是怎么变化的?一年有几个季节,是按什么顺序变化的?这个顺序会变吗?"幼儿回忆其他季节的特征,感受四季的变化与周期。

典型表现5:初步了解人们的生活与自然环境的密切关系,知道尊重和珍惜生命,保护环境。

测评建议:建议该项集中测评。

通过相关的主题活动,知道人与自然、动植物的依赖关系。能说出动植物、季节变化与人们生活的关系、常见灾害性天气给人们生产和生活带来的影响等。

通过观察教师利用废旧材料、自然物制作的玩教具,以及布置的环境,知道垃圾也可以变废为宝,进一步感知人们的生活与自然环境的密切关系。

讨论:天气变冷(热)了,我们的生活会有什么变化?下雨了,我们外出会受到哪些影响?要是一直下雨,下很多天,会发生什么事情?要是很长时间不下雨,又会出现什么后果?走进森林,你会感觉怎样?要是树林都消失了,我们的生活会怎样?如果世界上没有了动物,会出现什么情况?

数学认知篇

目标一 初步感知生活中数学的有用和有趣

典型表现1:能发现事物简单的排列规律,并尝试创造新的排列规律。

测评建议:建议该项集中测评。

提供具有重复旋律和词语的音乐、儿歌和故事,或利用环境中有序排列的图案（如按颜色间隔排列的瓷砖，按形状间隔排列的珠帘、花布等），让幼儿说说自己的发现和感受。让幼儿尝试自己设计有规律的花边图案，创编有一定规律的动作，或者按某种规律进行搭建活动。

家庭设计师活动：给幼儿提供画纸（已经剪成衣物、毛巾、丝巾的形状）、画笔，让幼儿观察有规律的布料图案，请幼儿担任设计师，绘画出有规律排序图案的毛巾、丝巾、裙子等。

典型表现2：能发现生活中许多问题都可以用数学的方法来解决，体验解决问题的乐趣。

测评建议：建议该项集中测评。

知道在我们的生活中数学很重要，很多问题都可以用数学来解决。寻找发现生活中用数字作标识的事物，如电话号码、时钟、日历和商品的价格、门牌等。知道数字在日常生活中的作用。教师提问："在我们的生活环境中有许多数字，你在哪里见到过数字？它可以告诉我们什么？"可以在教室里布置"银行"场景，里面有10元、50元、100元面值的纸币若干，鼓励幼儿大胆尝试、探索取钱的不同策略。

游戏情景："为动物楼房设计门牌号码"。以"小狗邮递员来到小动物楼房前不知道把信送给谁"为由，引导幼儿讨论分析原因。教师提问："门牌号码上的数字可以告诉我们什么？如果我们家中的地址没有数字，会发生什么问题？"老师出示"小动物楼房"的作业单，交代设计门牌号码的规则与要求。教师提问："看看小动物住在新楼房的哪一层？让我们为每一家设计门牌号码。每一家的号码不能相同，要让别人能从门牌号码中看出哪只小动物住在几楼，谁和谁是隔壁邻居，谁和谁是楼上楼下的邻居。"

家长可以带幼儿到商场购物，鼓励幼儿支付钱币，购买自己所需的物品，让幼儿感受数字在生活中的运用。

目标二　感知和理解数、量及数量关系

典型表现1：初步理解量的相对性。

测评建议：建议该项集中测评。

能结合具体事物，通过多次比较，逐渐理解"量"是相对的。

游戏："谁的个子更高"。请出三名高矮不同的小朋友，让幼儿比较高矮，讲出"小亮比小明高，但比小强矮"。（拓展对"多与少""粗与细""长与短"的认识）

家庭游戏："谁轻谁重"。准备一个小娃娃、一篮玩具、一桶水，让幼儿

比较谁轻谁重，如一篮玩具比娃娃重，但是比一桶水轻。（可以拓展到面积大小的比较）

典型表现2：借助实际情境和操作（如合并或拿取），理解"加"和"减"的实际意义。

测评建议：建议与典型表现3一起集中测评。

游戏中遇到让4只小动物住进2间房子的问题，或生活中遇到将5块饼干分给2个小朋友的问题时，让幼儿尝试不同的分法。又如家里来了5位客人，桌子上只有3个杯子，还需要几个杯子等。还可以玩"买东西"的游戏，如有10元钱，买3元的笔、2元的本子，还剩多少钱？又如妈妈带了10元去买水果，买了3元橘子、5元苹果。问：还剩几元？一共用了几元？

典型表现3：能通过实物操作或其他方法进行10以内的加减运算。

测评建议：建议与典型表现2一起集中测评。

可举行"礼品商店"活动。教师出示"礼品商店"的商品及价格，提问："我用10元钱在礼品商店买了一件礼物，还剩下8元钱，猜猜我买了什么？为什么？谁会用算式来表示？"

家长可以和幼儿一起玩"报账"游戏。"妈妈今天用9块钱买了2种菜，一种是西红柿，花了5块钱。还有一种是包菜，包菜花了多少钱？""我今天买了苹果和橘子，苹果花了6元钱，橘子花了4元钱，一共花了多少钱？"类似这样的购物报账的游戏，可以在幼儿大班下学期经常进行。幼儿如果不会，可以用1元硬币或1元纸币，通过操作来理解。不必强求心算、口算。

典型表现4：能用简单的记录表、统计图等表示简单的数量关系。

测评建议：建议该项集中测评。

观察幼儿能否用数学、图画等符号记录自己操作的结果。

记数游戏：在幼儿面前放一盆蚕豆、一盆小塑料片、一盆瓶盖、一张纸、一支笔。教师明确操作要求：幼儿用一只手用力往盆里抓一把，数一数抓出来的物品，记下来，一共抓3次。讨论：怎么样记得牢，又记得清？（抓一次，记一次）如果抓桌上的3种物品，每种物品抓3次，怎样记录在一张纸上？（用图画、数字等符号记录，如＊表示塑料片，◎表示瓶盖，●表示蚕豆）

家庭游戏"家庭用品统计表"。家长带幼儿观察家里有哪些用品，可以分成几类，每一类用什么符号或图形表示。家长做好统计表后，让幼儿在家中寻找并统计数量，将数字写在统计表上。

目标三 感知形状与空间关系

典型表现 1：能用常见的几何形体有创意地拼搭和画出物体的造型。

测评建议：建议该项集中测评。

提供一些几何形体如七巧板让幼儿自由拼搭，观察幼儿是否能够有创意地拼搭或用几何图形画出物体的造型。

典型表现 2：能按语言提示或根据简单示意图正确取放物品。

测评建议：建议该项集中测评。

观察幼儿能否按照成人的语言或图示取放物品。如教师准备若干个花瓶，若干朵花，让幼儿"从左边数起，在第四个花瓶里插上四朵花，第三个花瓶里插上三朵花"等。

家庭游戏"走格游戏"。家长出示坐标图（横竖各 10 个小方格）、小动物图（如从旧的画报、书刊、报纸上剪下来的小狗、小鸭子、小兔子等）。坐标图方格中摆放一张小猫图，幼儿能听口令取放其他小动物到正确的位置。如小猫右两格是小狗，下一格是小鸭子，上两格是小兔；或是"请帮助小猫上三楼，他的楼上住的是小兔"。

典型表现 3：能辨别自己的左右。

测评建议：建议该项集中测评。

能以自身为中心辨别左、右部位，知道自己的方向变了，左右边的物体也就发生了变化。

游戏：谁的动作快。教师提出要求，幼儿按指令做出相应动作。如用左手开枪，右手开枪，用右手拍左手。幼儿游戏数次。变换游戏形式，要求幼儿做出与领头人相反的动作。如教师把左手藏起来，幼儿即藏右手。

亲子游戏"我说你做"。家长说动作，如"摸摸你的左耳朵，再摸摸你的右耳朵"；"眨眨你的左眼睛，再眨眨你的右眼睛"；"伸出你的左脚，伸出你的右脚"；"举起你的右手转一转，举起你的左手摇一摇"。家长说："用右手摸左耳朵，先想清楚了哪只是右手，哪只是左耳朵，用你的右手摸左耳朵；用你的左手摸右眼睛，也要先想好哪只是左手，哪只是右眼睛。"

拓展游戏。教师提问："有五只小动物看到我们玩得这么开心，也来凑热闹。看，谁来了？"（出示五只小动物的图片）"有几只小动物？最左边是谁？最右边是谁？""从左边数起，第三只是谁？""从右边数起，第四个是谁？""小猫排在第几个？"（可以从左数起，也可以从右数起）"小鸟在哪一边？"教师追问："在谁的左边？在谁的右边？"

五、艺术领域

感受与欣赏篇

目标一　喜欢自然界与生活中美的事物

典型表现 1：乐于收集美的物品或向别人介绍所发现的美的事物。

测评建议：建议与本篇目标二中的典型表现 2 "愿意和别人分享、交流自己喜爱的艺术作品和美感体验"一起集中测评。

教师和家长在日常生活中支持幼儿收集一些美的物品，并引导幼儿欣赏，使幼儿时时有寻找和发现生活中美的事物的意识及兴趣。如欣赏花卉、鸟雀、鱼虫等，提问："你看了这些花（鸟、鱼、虫）以后有什么感觉？你喜欢它的什么地方？"

在家欣赏茶具、丝巾等有美感的物品，提问："这套瓷器（丝巾）美吗？美在哪里？"引导幼儿从造型、颜色、做工、光泽、图案等方面观察与感受，并描述出来。

典型表现 2：乐于模仿自然界和生活环境中有特点的声音，并产生相应的联想。

测评建议：建议该项集中测评。

播放圆舞板的声音，教师提问："是什么发出的声音？"（圆舞板）"谁来学一学它发出的声音？发出的声音像什么？"（教师将圆舞板拿出放好）教师播放沙球的声音，提问："是什么发出的声音？"（沙球）"谁来学一学它发出的声音？发出的声音像什么？"教师播放串铃的声音，提问："是什么发出的声音？"（串铃）"谁来学一学它发出的声音？"教师播放大鼓的声音，提问："谁来学一学它发出的声音？""发出的声音像什么？"教师播放打雷的声音，提问："再听听这是什么声音？"教师播放小鸟的叫声，提问："这是什么声音？谁来学一学它发出的声音？发出的声音像什么？"教师播放汽车的声音，提问："这是什么发出的声音？谁来学一学它发出的声音？发出的声音像什么？"

亲子游戏"配音演员"。家长："电视、电影里面的声音有的是现场录制，有的是后期配音的。我们今天一起来做配音演员，利用自己的身体或道具发出声音（跺脚、拍腿表示马蹄声，摇动纸张等模仿风声，摇塑料袋模仿下雨等)。"提问:"打雷的声音是怎样的?下小雨呢?下大雨的声音是怎样的?水龙头滴水的声音是怎样的?刮大风呢?汽车启动的声音是怎样的?"等等。一个家长提问,另一个家长和幼儿一起表演、比赛,看看谁模仿得更逼真。

目标二　喜欢欣赏多种多样的艺术形式和作品

典型表现1:艺术欣赏时常常用表情、动作、语言等方式表达自己的理解。

测评建议:建议该项集中测评。

让幼儿欣赏歌曲《洋娃娃和小熊跳舞》。教师提问:"我们来听听洋娃娃是怎样唱歌的。"幼儿感受歌曲的内容与情绪。让幼儿个别交流:"洋娃娃唱得好吗?你听后有什么感觉?"(很活泼)教师:"这段快乐的音乐使你想到了什么?它是怎样唱的?我们一起听音乐创编动作好不好?"

或让幼儿欣赏歌曲《小狗抬轿》。教师提问:"《小狗抬轿》这首歌曲好听吗?那你们想不想来表演一下《小狗抬轿》这首歌曲呢?"教师讲解游戏规则:"小朋友想一想,小狗抬轿用什么动作来表演呢?老虎坐在轿子里摇扇子怎么表现呢?小狗疼得汪汪叫又怎么表演呢?下面请一个小朋友来扮演老虎,请八个小朋友来一起表演小狗。"幼儿轮流表演。

家长在家和幼儿一起投入地音乐、看优秀的动画电影,到美术馆、博物馆欣赏美术作品、民间艺术等,引导幼儿用多种形式表达自己对艺术作品的感受。

典型表现2:愿意和别人分享、交流自己喜爱的艺术作品和美感体验。

测评建议:建议与本篇目标一中的典型表现1"乐于收集美的物品或向别人介绍所发现的美的事物"一起集中测评。

将本周测评的幼儿集中在一起,在环境中摆放、提供一些艺术作品实物或图片。幼儿参观、欣赏,教师请大家轮流说说自己喜欢哪些作品,为什么;也可以让幼儿说说自己平时看到或听到的最喜欢的作品是什么,为什么。

亲子交谈:家长和幼儿聊一聊各自喜欢的艺术作品有哪些,为什么喜欢。如果幼儿对家长所提及的艺术品感兴趣,可以上网搜索出来一起观赏。

表现与创造篇

目标一　喜欢进行艺术活动并大胆表现

典型表现1:积极参与艺术活动,有自己比较喜欢的活动形式。

测评建议:在区域中提供丰富的材料,如图书、照片、绘画或音乐作品等，让幼儿自主选择，用自己喜欢的方式去模仿或创作。成人不做过多要求。对于幼儿偏爱的活动形式，成人不要为了追求所谓的平衡发展，而强求幼儿从热衷的形式中脱离出来从事其他并不感兴趣的活动，而是应该从精神上鼓励、在物质上支持幼儿持续、深入发展个人的艺术爱好。

典型表现2：能用多种工具、材料或不同的表现手法表达自己的感受和想象。

测评建议：建议该项集中测评。

平时提供材料如各色彩笔、剪刀、胶水、蜡笔等，也可让幼儿收集各种废旧物品，如盒子、瓶子、布、绒线、彩带、泡沫等。观察幼儿能否在不同的活动中利用多种工具、材料、表现手法表达自己的想法。

教师可在测评周组织教学活动，进行有针对性的观察。出示自制玩具范例引导幼儿欣赏，请幼儿交流玩具的制作材料、制作方法，鼓励幼儿进行废旧物品制作活动。组织幼儿讨论：自己准备做什么？用什么材料？鼓励幼儿大胆尝试，有创造性地进行制作。引导幼儿用绘画、粘贴等方法将玩具装饰得更漂亮，并组织幼儿相互欣赏完成的自制玩具，说说自己把废旧物变成玩具的感受、制作中遇到的困难等。

家长提供各种废旧材料和美术工具，与幼儿一起亲子制作灯笼、森林小屋（大的电视机箱、冰箱、空调箱子等）、树叶剪贴画等。

典型表现3：艺术活动中能与他人相互配合，也能独立表现。

测评建议：根据幼儿平时在艺术活动中的表现进行测评。教师也可以为本周需要测评的幼儿安排一节音乐活动或美工活动课，观察幼儿是否能在与他人相互配合时做到与同伴友好相处，会分工合作、相互协商合作完成，也能独立表现。

该项测评主要由教师完成。家长也可以根据平时观察进行评价。

目标二　具有初步的艺术表现与创造能力

典型表现1：能用基本准确的节奏和音调唱歌。

测评建议：建议该项集中测评。

观察幼儿能否用较自然的声音，用基本准确的节奏和音调大方独立地唱歌。可以以"演唱会"的形式开展，提醒幼儿用自然的声音唱歌，注意节奏和音调，以及表情。

家长可以举办家庭演唱会，大家轮流表演。

典型表现2：能用律动或简单的舞蹈动作表现自己的情绪或自然界的情景。

测评建议：建议该项集中测评。

教师可利用集体舞、早操律动时观察幼儿的动作表现、情绪如何。播放《狮王进行曲》，让幼儿根据听到的音乐用身体动作表达自己的理解。

家长可在家提供节奏感较强的音乐或儿童歌曲供幼儿发挥，也可以由家长描述情景，幼儿用身体动作或表情表现。如："风吹来了，小树点点头，扭扭腰，和小鸟挥挥手，和蝴蝶打了个招呼。""春天来了，春雨沙沙沙，种子醒了，从黑黢黢的泥地里钻了出来。哇！外面的世界好美哦！"

典型表现3：能自编自演故事，并为表演选择和搭配简单的服饰、道具或布景。

测评建议：开展"我是小演员"活动，请每个幼儿自编一个故事，尝试为表演选择和搭配简单的服饰、道具或布景。只要能显现出故事的特点及内容即可。

家长在家庭晚会的准备中，让幼儿尝试自编自演，并进行服饰、道具或布景的简单设计与布置。

典型表现4：能用自己制作的美术作品布置环境，美化生活。

测评建议：观察幼儿是否能用自己制作的美术作品布置环境，美化生活，如制作风筝、灯笼或者绘画等。如节日时，可以组织幼儿做一些拉花、挂件，也可以用画布布置教室。又如在班级开展春天的主题活动时，启发幼儿去找春天，将春天用各种形式表现出来，布置教室的环境。

家长可以借举办生日晚会的机会，和幼儿一起制作挂件等，布置家庭环境，营造晚会氛围。

后记：
关于自然的生态化园本课程的构建

　　《幼儿园教育指导纲要》（以下简称《纲要》）颁布之后，幼儿园纷纷开始进行园本课程的建设。当时，我作为园长，对此有着巨大的疑惑和惶恐，于是观望并努力学习相关的课程理论以及其他园的实践经验。几年后，同行们对幼儿园构建园本课程基本持怀疑甚至是否定的态度，原因是多方面的，在此无须讨论、赘言。

　　在贯彻落实《纲要》精神的过程中，大多数幼儿园认为既然没有统一的国家课程，也没有省域、市域范围的示范性课程，就只能在市场中选购课程。购买、引进的课程显然不能完全适应幼儿园的实际需要，于是幼儿园相继对这些课程进行适应性改造。当这些已经成型的甚至是知名的课程在幼儿园应用并被改造之后，呈现出来的就不可避免地带有本园的特色。这个过程，可谓课程园本化，而之后呈现的就是园本课程。基于这样的认识，我豁然开朗。我们对园本课程的界定如果以原创为标准，那的确没有什么幼儿园能做得出来；而将被业界论证、验证为科学、正确的已有课程进行园本化处理与改编之后，形成的也就是园本课程，那么，每一所幼儿园都可在园本课程构建的道路上前行。事实上，这10多年来，广大幼教工作者正在做着这样的探索与努力。

　　2004年，我所在的幼儿园即将搬迁到公园旁边。这所曾经被称为郊区公园的地块范围广，人文景观与自然风光并存，能为教育所用的资源颇为丰富，在现今的城市中心区显得尤为珍贵。那时，我已经深刻认识到"儿童是自然之子"。于是，在一年的筹备期间，我们明确了打造生态化特色幼儿园的目标。而实现这一目标的核心就在于构建生态化的园本课程。此后，我们秉持这一理念，利用幼儿园毗邻公园的得天独厚的环境优势，主张让幼儿在自然的环境中，以自然状态主动学习。我们充分利用公园多样化的自然与人文资源，积极实践"大自然、大社会都是课堂，生活就是教育"的活教育课程观，以主题探究活动为课程的主要组织形式，在开展园本课程建设的实践过程中不断优化方案，初步构建了基于自然的生态化园本课程雏形。但这些经验是零散的，缺乏足够的专业性和系统性。

2012 年，我到广东省教育研究院从事教研工作，有了大量机会看到全省各地优秀的园本课程在实践中呈现出的美好状态。我如饥似渴地观察、思考，醍醐灌顶般明白了之前在幼儿园独自摸索中遇到的一些问题。从这个时期开始，回归自然、强调生态化建设的时代潮流在学前教育领域日渐形成，以"自然""生态"为特色的幼儿园与日俱增。如何构建基于自然的生态化园本课程也是众多有此价值追求的幼儿园迫切需要解决的难题。于是，2012年下半年，我以之前已供职多年的幼儿园为合作单位，申报了广东省教育科学"十二五"规划课题"基于自然的生态化园本课程构建的研究"，并得以立项，随后开展了 3 年多的课题研究工作。

参与研究的幼儿园有公办的，也有民办的，有大城市中心区的，也有农村边远区域的，有收费较高的，也有收费偏低的，不一而足，但都对课题研究有着积极的态度，因此研究工作显得扎实有效并积累了丰富的成果。

尽管这项研究存在很多问题，但足够真实。我深知，作为课程建设，这项研究在理论上并没有举足轻重的突破，没有达到足够的高度；在实践中，并没有打造出以此为名的声名远播的特色园；而研究本身也存在诸多缺陷。但通过课题过程性资料的呈现，可以让广大对园本课程构建"自然""生态化"等概念或课题研究感兴趣的同行从不同的角度来思考相关问题。

事实上，我们通过对课程的实践研究，梳理出了园本课程构建的基本策略。我认为：课程建设需要关注与思考的问题包括对园本课程建设背景如幼儿园的历史、文化、办园理念与特色、教师特长、教育资源以及政策依据的分析，对园本课程的名称及核心概念的界定，课程建设理论依据的明确，儿童观、课程观的定位等；课程目标体系建设包括目标的分层以及每一层的具体内容如何确定；课程资源与内容的选择要有依据和原则，要围绕核心价值进行筛选；课程组织形式应多样化；课程评价要以教师为主、以儿童发展为主，注重家园合作，要有适宜的评价工具与平台。

研究中，我们对"自然""生态""生态化园本课程"等核心概念进行了延伸性诠释，仅通过几个关键词的解释就勾画出了课程的全貌和顶层设计，涵盖了课程建设的基本要素。这在园本课程建设的策略上具有一定的突破性。

我们构建了课程愿景、总体目标、分领域目标及活动目标等四层课程目标，明确了该类课程不同层次的目标内容，构成了完整的自然生态课程目标体系。该体系基于《3—6 岁儿童学习与发展指南》，并以其典型性表现为儿童发展目标的主要内容。通过实践，我们提炼出幼儿园课程目标构建的基本策略。

在课程评价中，我们设计出"课后说"形式的活动方案，帮助教师形成自我评价、主动反思的意识和习惯；首创了名为"宁馨儿成长记"的网络版幼儿成长档案袋，将幼儿成长档案袋这一传统的评价形式打造成集办公、亲子教育、家园合作、亲职教育于一体的综合性网络平台。

通过课题研究，我们深切感受到园本课程建设是没有终点、没有罗马的荆棘之路。借此出版之际，我们希望结识更多同行，在课程建设的征途携手共进。

最后，真挚地感谢参与、支持课题研究的每一所幼儿园、每一个人！

感谢课题合作单位广州市天河实验幼儿园的默契配合与无私奉献，我们经历了一场高效的合作。

感谢课题组成员辛勤而卓有成效的劳动，她们无怨无悔地付出专业智慧与实践经验，使本项研究顺利完成并取得了超出预期的研究成果。她们是庞春敏、杨慧敏、潘卓、彭奇志、王丽洁、吴冬梅、韩凤梅、周飞艳、尤登星、周文莉、陈秀文、黄立敏、王艳艳、张会敏、谭丽碧、关萍、吴海燕、陈惠娟、黄燕云、蓝桂全、张秀英、洪黛珊、朱桂颜、周燕婷、陈佩叶、何彩梅、钟丽芳等。

感谢在课题研究过程中给予肯定、帮助与指导的专家：袁爱玲教授、李麦浪研究员、杨宁教授、叶平枝教授、张博副教授、刘霞副研究员、唐志文博士、黎小虹老师、洪静翔老师。

感谢给课题组老师们提供观摩与学习机会的幼儿园：广东省育才幼儿院一院、广州市开发区第二幼儿园、广州市萝岗区华源幼儿园、广州市越秀区泰康幼儿园、深圳市梅林一村幼儿园、深圳市罗湖区实验嘉宝田幼儿园、东莞市东城区光大爱弥尔幼儿园、东莞市南城区尚城幼儿园、佛山市机关幼儿园、佛山市禅城区惠景幼儿园。

感谢课题实验幼儿园教师们积极的实践探索以及对课题研究各阶段工作的支持。实验幼儿园包括：华南师范大学附属幼儿园、暨南大学附属幼儿园、华南农业大学附属幼儿园、广州市第二幼儿园、广州市天河区新陶幼儿园、广州市天河区东方熹园幼儿园、广州市白云区江高镇中心幼儿园、广州市白云区明德幼儿园、广州市白云区依云小镇幼儿园、广州市番禺区星河湾灵格风幼儿园、广州市花都区梯面镇中心幼儿园、佛山市禅城区冠华幼儿园、清远市新北江幼儿园、清远市清城区石角镇培英幼儿园。

感谢广东高等教育出版社出版此书，感谢管晓芹主任提出了专业的编写建议。感谢读者的宽容与接纳。

项目结题是在最美的四月，而书稿完成之时恰是两年后的四月。如诗人所说，"最美人间四月天"。我以为，这句诗用于儿童是最适宜的。

感谢孩子！

刘景容
2018年4月29日